中华先锋人物
故事汇

中国女排

永不言弃的王者之师

ZHONGGUO NÜPAI
YONG BU YAN QI DE WANGZHE ZHI SHI

葛竞 著

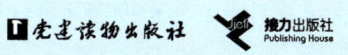

党建读物出版社　接力出版社

图书在版编目（CIP）数据

中国女排：永不言弃的王者之师/葛竞著. — 北京：党建读物出版社；南宁：接力出版社，2019.4（2024.11重印）
（中华人物故事汇.中华先锋人物故事汇）
ISBN 978-7-5099-1121-1

Ⅰ.①中… Ⅱ.①葛… Ⅲ.①传记小说－中国－当代 Ⅳ.①I247.5

中国版本图书馆CIP数据核字(2019)第017516号

中国女排——永不言弃的王者之师
葛　竞　著

责任编辑：李雅宁　商　晶
文字编辑：王　燕
责任校对：杨　艳　高　雅　贾玲云　阮　萍
装帧设计：严　冬　许继云　　美术编辑：高春雷
出版发行：党建读物出版社　接力出版社
地　　址：北京市西城区西长安街80号东楼（邮编：100815）
　　　　　广西南宁市园湖南路9号（邮编：530022）
网　　址：http://www.djcb71.com　　http://www.jielibj.com
电　　话：010-65547970/7621
经　　销：新华书店
印　　刷：保定市中画美凯印刷有限公司
2019年4月第1版　　2024年11月第17次印刷
787毫米×1092毫米　32开本　4.625印张　70千字
印数：258 001—266 000册　　定价：18.00元

版权所有　侵权必究

质量服务承诺：如发现缺页、错页、倒装等印装质量问题，可直接联系本社调换。
服务电话：010-65545440

目 录

写给小读者的话 ……… 1

紧张一刻 ………… 1

能吃苦的孩子 ……… 5

令人惊喜的"插班生" … 11

眼泪不能战胜敌人 …… 25

创造神话 ………… 35

漫长的冬天 ……… 51

失败的种子 ……… 61

起死回生 ………… 75

先苦后香的工夫茶······89

艰难时刻············103

排球天才朱婷·······109

王者归来············121

写给小读者的话

有这样一群姑娘,她们是披荆斩棘的铿锵玫瑰,是充满活力与自信的运动高手。她们经历了重重考验,以顽强的意志、不屈不挠的精神赢得了一次又一次胜利。她们就是我们的中国女排——永不言弃的王者之师!

她们,让"女排精神"成为中国的一面旗帜,振奋了民族精神,激励和影响着一代又一代中国人顽强拼搏,永不放弃。

也许,你是个体育迷,那你在这本书中会了解一群运动员、一支运动队伍在成长的道路上要迎接怎样的挑战,又该怎样战胜自己,浴火重生,取得胜利。

也许,你是一个心怀梦想却不知该怎样努力的孩子，那么这本书会告诉你那些光彩照人的成功者背后的付出。不平凡的成绩，来源于一次次看似平凡的训练。

也许，你正面对难以克服的挫折，心情低落，那么这本书中的人物会以他们的亲身经历带给你激励，为你的内心注入正能量！

郎平，朱婷，惠若琪……这些我们耳熟能详的名字背后，有着怎样生动曲折的故事，有着怎样温暖动人的情感，有哪些趣味十足的小细节，让我们翻开这本书，去一一领略吧！

紧张一刻

在二〇一六年八月二十一日的里约热内卢奥运会上，中国国家女子排球队正在和塞尔维亚队进行冠军争夺战。

与此同时，亿万中国人守在电视机前，双手握拳，睁大眼睛，死死地盯着眼前的画面，生怕漏掉一秒。现场解说员激动的声音从电视机中传出，感染着屏幕前的每一位观众。

此时此刻，只要中国队再拿下一分，就可以洗刷之前战绩跌落谷底的耻辱，向全世界证明中国女排依旧是王者。而对于塞尔维亚队而言，必须救下这一球，才能将比赛拖入加分阶段，给自己争取到翻盘的机会。

这时，中国队主教练"铁榔头"郎平叫了暂停，换了小将张常宁上场，并告诉她："你大胆发。"

哨声吹响，由中国队发球。队员张常宁熟练地抛起排球，纤细的手臂缓缓上扬，她寻找到最完美的击球点，然后迅速将球击出——排球如子弹般高速射了出去。

令人没想到的是，这极其刁钻的一球，塞尔维亚队竟然艰难地拦截了下来，并开始反攻。眼看着排球高高飞过拦网队员，似乎就要落在中国队的防守空当处了……

球，是落在了中国队的场地上，还是被中国队拦下了呢？

面对眼前这一幕，观众们都紧张地屏住了呼吸。

这一刻，全场只有一个人看起来毫不紧张，她并没有握紧双拳屏息以待，相反，在看到塞尔维亚队反攻的那记球后，她的眼中瞬间流露出一丝不易察觉的笑意。

她，就是中国女排主教练——郎平。她完全相信中国女排姑娘们的实力，也对中国女排冲击世界冠军有绝对的把握。

中国女排到底有没有如她所愿，拿到里约热内卢奥运会的冠军呢？

能吃苦的孩子

一九六〇年十二月十日的天津，呼啸的疾风犹如一把把冰冷的利剑凌空而来，将空气划成一道道雪白的雾丝，光秃秃的树枝在狂风中战栗。那个时候没有暖气、空调等取暖设施，人们只能待在家里，用报纸封住破旧的门窗，来抵挡寒风的侵袭。

这一天格外寒冷，当人们都在家里和亲人聚在一起取暖时，街道旁的一间不起眼的小平房里，突然传来"哇——"的一声。

响亮的婴儿啼哭声，划破了清冷街道的寂静。

一个健康可爱的小宝宝出生了，她的爸爸妈妈给她取名叫郎平。

郎平小时候，身体并不好，不要说当运动员，就是比同龄孩子都要差一些。在那个物质条件并不富裕的年代，母亲便常用小米粥为她补充营养。靠着一碗一碗的小米粥，郎平度过了身体最虚弱的时期。后来郎平长大了一点儿，她委屈地问妈妈："妈妈，为什么我只能喝小米粥呀？"

郎平的妈妈却说："家里条件差，生活环境就是这样，没有什么可奇怪的。你是我的女儿，我希望你能成为一个坚强的能吃苦的孩子，不要做那个总是需要特殊照顾的人。"

妈妈还说了很多话，小郎平似懂非懂。她不知道妈妈说的"特殊照顾"是什么意思，但随着慢慢长大，她逐渐明白了妈妈的话，也成了妈妈希望她成为的样子。

郎平的妈妈是南方人，有着南方女子恬静细腻的气质。在妈妈的影响下，郎平逐渐成长为一个有教养、有礼貌、有想法的女孩子。而郎平的爸爸来自北方，带着北方汉子的豪爽和奔放，在爸爸的影响下，郎平也渐渐变得像男孩子那样勇敢和顽强。

七岁时，郎平进入北京市朝阳区东光路小学读书。有一回，在学校里，几个男孩子要和郎平她们比赛爬树，看谁爬得高。

别的女孩子听了都咋舌：女孩子怎么能爬树呢？

可郎平却不服气地答应了。她抬头看了看树的高度，撸起袖子，毫不犹豫地上了树，三下两下就爬到了树顶，令伙伴们佩服不已。

童年时期的郎平没有想过未来，毕竟对一个小孩子来说，"未来"这个话题实在是太深奥了。直到那年一个周末，郎平的爸爸带她去工人体育馆看了一场排球比赛。这是郎平第一次认识这项体育运动。精彩的比赛让排球在郎平的心中留下了美好的印象。

当时的郎平刚上六年级，她的个头儿已经是班里最高的了，站在同班同学中间，有一种"鹤立鸡群"的感觉。

正值北京工人体育馆少年体校排球班的老师来学校挑选队员，在经过了弹跳、摸球、快速跑等项目的测试后，身高突出的郎平一下子就被老师选中了。

郎平心中掠过一阵喜悦。在此之前,她从来没想过自己会跟体育有交集。要知道,她的梦想一直都是当一名医生。她特别喜欢穿着白大褂的医生,看起来神神秘秘的,手里还拿着听诊器,放在人的身体上,就能听见身体里面的声音,还能知道是哪里生病了,简直太酷了!

而从这一天开始,排球闯进了她的生活,并逐渐成为她生命的一部分。

排球班的训练从六月开始。正值夏初,却已经骄阳似火。起初,训练内容还比较轻松,大家都能够跟上,可随着训练难度逐渐加大,一些女孩就吃不消了。她们平日里都是家里的心肝宝贝,哪里受得了这个苦啊!

跟郎平一起来训练的同学小陈就忍不住向郎平倒苦水:"虽说咱俩在学校里都喜欢体育,可这么大运动量的训练,我可从来都没经历过,每天累得跟什么似的。我父母不愿意让我受这份罪,他们可心疼了。"

小陈最终还是没能坚持住,退出了排球队。而郎平却没有,相反,她不仅能够忍受枯燥艰难的训练内容,而且还对排球产生了浓厚的兴趣,爱上了这项运动。

郎平的爸爸妈妈叮嘱她道:"平平,吃点苦不算什么,你既然喜欢打排球,就不能半途而废。"

一想到父母的鼓励,郎平就什么困难都不怕了。她把爸爸妈妈的话一直放在心上,凭借自己能吃苦、身体素质好的优势,郎平的球技突飞猛进。

彼时,是一九七四年,是郎平运动员生涯的起点,同时也是国家男子排球队运动员袁伟民的运动员生涯的终点。

令人惊喜的"插班生"

一九七四年,袁伟民的运动员生涯结束了。

这个已经三十五岁的男人,带着遗憾离开了训练场。虽然在八年前的世界男子排球锦标赛上,他凭借自己的突出表现,获得了"最佳全面运动员"的荣誉,但在他的心中,始终有一个冠军梦,只是直到他退役的那天,这个梦想都没有实现。

时隔两年,袁伟民以为自己的梦想会永远深藏心底了,但幸运的是,国家体育运动委员会① 找到袁伟民,并委托他出任中国国家女子排球队的主教练。

---

① 简称国家体委,1952年11月成立,1998年3月24日改组为国家体育总局。——编者注

袁伟民欣喜若狂，他十分感激和珍惜国家给自己的这次机会，不仅是因为他能继续从事自己深爱的排球事业，更重要的是，深藏在他心底的"世界冠军梦"也重新燃起了希望！虽然袁伟民已经退役，不能再在赛场上亲自征战，但他相信自己有能力组建一支能够冲击世界冠军的女排队伍。

于是，袁伟民走遍全国各地，亲自挑选了十二名队员，组成了新一届中国国家女子排球队。

看着这群意气风发的姑娘精神抖擞地站在自己面前，袁伟民的思绪一下子飘回到二十多年前。

那是一九五一年，袁伟民刚满十二岁。当时，我国举行了历史上首次全国性的排球比赛，并选出了新中国第一批女排运动员。五年后，我国受邀参加了于法国举行的第二届世界排球锦标赛，这也是新中国的女排队伍首次参加国际赛事。在这次的比赛中，中国女子排球队先后击败了奥地利、荷兰及联邦德国等欧洲国家的女排队伍，并在十七支参赛队伍中获得了第六名。

这对于初次参加国际赛事的中国女排来说，是相当不错的成绩。

令人惊喜的"插班生"

就在国人都盼望着中国女排能够一鼓作气,取得更好的成绩时,一支强劲的队伍横亘在了中国女排和冠军奖杯之间,这就是当年震惊排坛的日本女排。她们战胜了蝉联三届冠军的苏联女排,成为新的霸主,成为世界排球史上第一支取得世界冠军的亚洲球队。

消息传来,日本举国沸腾。同样作为亚洲人的中国人陷入了深思:日本人可以做到的事情,难道我们中国人做不到吗?

在那之后,中国女排更加刻苦地训练,可遗憾的是,中国女排无论怎么努力,始终达不到世界一流水准,别说是拿世界冠军了,就连参加世界级比赛的资格都没有。

当时的中国一度被排斥在奥运会之外,在足球、篮球、排球这"三大球"的项目中,几乎没有机会和世界强队交手。

中国女排实在是太需要一场胜利了。新中国刚刚成立,国家饱经战乱,积贫积弱,发展水平和人民的生活条件远远落后于发达国家。在这样的情况下,中国有没有机会赢呢?一场胜利能够给在未知中摸索前进的中国人民指明方向,能够给奋斗中的人们带来希望,使他们坚定信心。

在袁伟民看来,中国女排的姑娘们,无论是在体能上还是在毅力上,都不输给世界上其他任何一支队伍。只要能够得到正确的训练指导,中国女排就一定能够实现心中的冠军梦。

一九七六年八月一日这天,在青岛体育场,新的中国女排国家队第一次在全国人民面前亮相,她们即将迎来队伍组建后的第一次正式比赛,对手是陕西女排队——当时的全国冠军。

女排国家队一亮相,全场观众都起立鼓掌,他们对这支强劲的队伍寄予了厚望,都期待她们能够在接下来的比赛中大显身手。

女排姑娘们也自信地向大家挥手致意。经过了这么长时间的训练,她们早已准备充分,信心满满。

可是,令人大跌眼镜的事情发生了,女排国家队竟然输给了陕西女排队!

那些一开始为女排国家队欢呼呐喊的观众,这下全都哑然无声了,他们怎么也想不通,本该代表国家最高水平的国家队,怎么会输给地方队呢?

女排姑娘们垂头丧气地回到训练场,大家都沉默不语,等待接受袁伟民的批评。

袁伟民却并没有批评他的队员,相反,他什么也没说,只是沉默着陷入深深的思考中。

看着女排姑娘们沮丧的表情,袁伟民突然回想起自己被日本女子排球队主教练大松博文"虐待"的那段时光。

大松博文是排球界的传奇人物,他是当时的世界冠军日本女排的主教练,有"魔鬼教练"之称。这个军人出身的男人,采用高强度、高密度的"魔鬼训练法",将一群普通的工厂女工训练成了技术过硬、能攻能守的优秀排球运动员——中国女排队员口中的"东洋魔女"。

一九六五年四月,在周恩来总理的邀请下,大松博文来到中国,开始对中国女排进行为期一个月的特训,同时也承担了一部分督导中国男排训练的工作。

日本的"魔鬼教练"果然名不虚传,不仅把女排队员们"折磨"得叫苦不迭,还把强壮的男排队员们"虐"得死去活来：勾手发飘球、双手垫击、滚翻防守、小抡臂扣球等，一场训练下来，中国男排队员有的瘫在地上，眼冒金星，有的难受得想吐。

袁伟民心想：大松博文能够把一群普通的工厂女工训练成专业水平过硬的排球女将，自己为什么不可以？更何况眼前的十二位队员，是他走遍全国各地，亲自挑选出来的极具天赋的专业选手，比起日本女排队员，上升空间更大。几番思索之后，袁伟民决定，从今以后的训练也要采用大松博文的"魔鬼训练法"。

中国女排的第一个训练基地在福建漳州。虽说是"训练基地"，但实际上连普通排球场的标准都达不到。为了节约成本，建筑工人们不得不就地取材，用当地的竹子搭起了一座竹棚。用竹子搭起的场馆，虽然坚固，但竹子之间却留有缝隙，天冷的时候，大风一吹，整个训练场四面八方都透着冷风，女排姑娘们只能咬牙挺住，继续坚持训练。竹棚的地面是用黄土、石灰、盐水混合在一起铺成的，每逢下雨，就会变得泥泞不堪。即使天气晴朗，由于地面凹凸不平，防护装备有限的女排姑娘们在上面翻滚过之后，身上也会留下血肉模糊的伤口，疼得难以入睡。

后来的湖南郴州训练基地，也是一个竹棚馆，但地面换成了相对好一点儿的破旧木地板。虽然地面平整了许多，但破旧的木地板上有许多毛刺。女排姑娘们在训练中，免不了要在地上翻滚、卧倒、摔跤。为了救起那一个个飞来的排球，女排姑娘们都毫不犹豫地扑向地面。每次训练结束后，女排姑娘们仔细检查身体，才发现自己的胳膊上、腿上到处扎着毛刺。闲暇之时，姑娘们还会苦中作乐，比较谁身上的毛刺多，互相为对方"挑刺"。

姑娘们的伤病痛苦，袁伟民都看在眼里，但他不得不装作什么都没看见，因为他知道，在通往冠军的道路上，容不得姑娘们叫苦叫累。要想获得世界冠军，首先要夺得亚洲冠军。当时，中国女排最大的对手，便是"魔鬼教练"带领的日本女排，那可是一支几乎可以"秒杀"中国男排的队伍。

经过"魔鬼训练法"训练之后，中国女排姑娘们终于迎来了一次与日本女排较量的机会。

一九七七年八月十一日，数万中国人聚集在上海万人体育馆，场馆内传出的震耳欲聋的加油声，隔着好几条街都能听见。

"中国加油！中国加油！"

在一阵阵呐喊助威声中，中国女排姑娘们铆足了劲儿，一上来就以15：6和15：10连赢两局，姑娘们欣喜地抱在一起，默契地看向教练袁伟民。只见他紧握双拳，点了点头，回应给队员们一个坚定的眼神。正是这个眼神，让队员们更加坚信，胜利的曙光就在前方。女排姑娘们乘胜追击，最终以3：0的比分结束了这次万众瞩目的比赛。

日本队的主教练小岛孝治当时就涨红了脸。他不敢相信，自己费心训练出的世界级强队，竟被一支新球队给打败了。他鼓起腮帮子，双手叉腰，指着队伍里没有发挥好的队员大声呵斥，竟让她们当场在体育馆里罚站。

三天后，在五台山体育馆，中日女排再次交锋。日本女排赢得了第一局，但是，中国女排拿下了后三局。中国女排的姑娘们再次取得了胜利。小岛孝治叹息道："士别三日，当刮目相看。中国女排的进步速度令人吃惊,下次来中国,我一定要带最强的队伍来!"

这次和日本女排的切磋较量,可以看作是袁伟民实施"魔鬼训练法"以来的一次成果验收。这次胜利不仅让中国女排姑娘们信心倍增,同时也让袁伟民坚定了自己要带领中国女排冲击世界冠军的决心。

一九七七年十一月,第二届女排世界杯在日本大阪举行。中国女排一路"杀"出重围,以3∶2的成绩战胜了日本女排,让日本教练和看台上的观众们震惊不已。

这是中国女排在袁伟民的带领下,第一次在国际大赛中战胜了日本女排,同时,世界排名也从三年前的第十四名一跃进入四强。不仅如此,队长曹慧英还以她顽强的拼搏精神获得了优秀运动员奖;以她娴熟的运动技巧夺得了最佳拦网奖;最了不起的是,她还凭借自己优异的表现,一举拿下了敢斗奖。在当时,敢斗奖称得上是对排球运动员体育精神的最高表彰。

然而,站在领奖台上的曹慧英看起来并不是很开心。虽然在这次比赛中,她个人包揽了三大奖项,可作为队长,她并没能带领整支队伍继续前进,而是止步于第四名,失去了争夺冠军的机会。曹慧英很是自责和难过。

彼时的郎平也守在电视机前,看到了颁奖台上的这一幕。还是北京市女子排球队运动员的她,有些羡慕站在领奖台上的曹慧英。她也想加入国家队,也想在赛场上展现自我,争夺冠军。然而,在现实中,她却只能关掉电视,默默回到训练场上,继续重复着枯燥无味的训练。她也不知道,这样的训练什么时候才是个头,但是她知道,既然自己热爱排球,就一定要坚持下去。

一九七八年,郎平参加了全国女子排球甲级队联赛。在比赛中,她发挥出色,崭露头角,竟然被中国女排的主教练袁伟民看中了。袁伟民破格录取了郎平,将她吸收到了国家队,并作为主攻手重点培养。

郎平不敢相信发生的一切,昨天她还是个坐在电视机前默默地为赛场上的运动员祈祷加油的观众,今天她已然成为国家队的队员,即将代表中国争夺世界冠军了!

郎平激动得热泪盈眶,她和父母拥抱在一起。郎平觉得自己是天底下最幸运的女孩,好运砸中了她。

然而,袁伟民知道,他做出这个决定,不是因为郎平的运气,而是因为郎平的实力。原来,通过上次比赛,袁伟民意识到,一支排球队要想具备进攻实力,就必须拥有强攻能力。对于中国女排来说,战胜日本队已经不在话下了,但是要想战胜人高马大的欧美强队,就必须要培养身材高大的强攻手。

郎平在比赛中的卓越表现,让袁伟民一眼看中:这个姑娘在排球运动方面有着过人的天赋,是一个潜在的优秀强攻手。

"她连青年队都没进过呀!怎么直接就进国家队了?"袁伟民的决定让大家震惊不已。

更让大家震惊的是,袁伟民紧接着做出了一个更大胆的决定:让郎平替代队伍中原来的强攻手——杨希,作为中国女排的新任强攻手出征在泰国曼谷举办的第八届亚运会,而杨希则转为替补队员。

这对杨希来说,简直是晴天霹雳。

杨希当时二十二岁,身高一米八,长相甜美,酷似日本明星山口百惠。只要有她出场的比赛,不少人哪怕看不懂排球比赛,也会不辞辛苦地乘坐各种交通工具来到现场,只为一睹她的风采。

杨希无法接受坐冷板凳的结果,她非常沮丧,甚至想要退出国家队。袁伟民费尽心思,苦口婆心地劝说,杨希才答应作为替补队员留在国家队。

而郎平,作为一个"插班生",也很清楚自己的处境。面对大家的非议,她无法为自己辩解,唯有付出百分之百的努力,用成绩向全国人民证明:教练的眼光没有错,自己有绝对的实力担任强攻手。而她真的有吗?

一九七八年十二月十日,在泰国曼谷举行的第八届亚运会女排比赛即将开始,郎平第一次出现在国际大赛的赛场上。她紧张极了,双腿不由自主地微微颤抖。这一天,还是郎平的十八岁生日。作为成年的第一课,郎平必须学会克服紧张和恐惧。

"不行!这样可不行!"郎平看到赛场边袁教

练紧皱的眉头、队员们期待的眼神，听着体育馆里激荡的呐喊声，深深地吸了一口气。她闭上眼睛，昔日训练的画面一一浮现在脑海中。平日里扎实的训练让郎平底气十足，她睁开双眼，准备迎接挑战。

比赛开始了。

蹲下，起跳，重击——扣球！

起跳，轻拍——吊球！

助跑，起跳，迅速重击——直线扣球！

……

在与韩国队的比赛中，郎平凭借自己的强攻，打出了多个角度刁钻、线路新奇的球，多次突破对方的防线。袁伟民制定的"强攻战术"奏效了。

这个"插班生"的表现令人惊喜。小试牛刀的郎平有些沾沾自喜，但她很快就又调整好了自己的情绪。这是她第一次参加正式比赛，一定不能掉链子！

郎平已经准备好了，她调整呼吸，摆好站姿，时刻准备着迎接对方发来的"炮弹"。

眼泪不能战胜敌人

然而,也许是因为短暂的胜利让郎平过于兴奋,在第二场对阵日本队的比赛中,郎平接连失误,最终被换下场。此时,体育馆内嘘声一片。那些一直质疑袁伟民用人标准的人,终于有机会发泄了。他们愤怒地谩骂着这位无名小将,仿佛忘记了郎平在第一场比赛中的突出表现。

被替换下场的郎平,沮丧地坐在场边,她看着仍在场上奋力拼搏的队友,回想起这几天的每一场比赛,感觉几天来的一切仿佛发生在梦中,周围的一切都那么不真实:备受观众追捧的是她,受尽冷嘲热讽的还是她——明明上一秒还在为国争光,怎么现在就沦落到坐冷板凳的地步了?

郎平委屈极了,她多想大声告诉所有人,为了能够站上领奖台,自己挥洒了多少汗水!然而,尽管郎平还是个年轻姑娘,但是已经有五年球龄的她,早早便懂得了一个道理:在竞技场上,多的是匆匆过客和无名小卒。没有人会在意你背后的辛酸和不易,只有捧回那闪闪发光的冠军奖杯,才能让人记住你的名字,懂得你的付出。

郎平倔强地抹掉眼中快要溢出的泪水,暗暗发誓:一定要让中国队走上最高领奖台。

郎平失落地回到了训练场。每当她想起亚运会上受到的打击,不甘都会涌上心头。她看着体育馆内贴着的"卧薪尝胆"的标语,想起自己当初立下的"打败日本队、韩国队,拿下亚洲冠军"的誓言。

郎平暗暗琢磨:日本队已经得过"三连冠"了,作为世界上唯一一个取得了"三连冠"的女子排球队,日本队最大的特色就是"打不死"。不管球打到哪儿,日本队都要想办法抢回来,技术非常全面。韩国队也很难打。要拿到亚洲冠军,必须要战胜这两支队伍。但如果我比日本队更拼,比韩国队更难打,我就不信打不败她们!

不甘心坐冷板凳的郎平每天都重复着大量的技能训练:极限扣球、技巧吊球、单人防守……还有各种动作训练:倒地、翻滚、蹲起、起跳……在赛场上,时间就是生命,倒地翻滚多花一秒钟,就有可能会与球失之交臂。郎平要把自己的所有动作都控制在规定的秒数内,为自己的进攻动作争取更多的时间和机会。但是,郎平的心里也有一点儿不安,她每天都在想:自己这样练,这样打,到底能不能打赢其他球队?

一天的训练下来,郎平的运动服被汗水浸透了,身上多处贴着创可贴。一放下球,她就像泄了气般瞬间倒地。然而,一碰到球,郎平立马又像打了鸡血一般,仿佛是一个被设定好进攻程序的机器人,能够精准有力地做出每一个动作,发出一记又一记让对手无从招架的进攻球。

不知你是否有过长跑测试的经历,一圈、两圈、三圈……长长的跑道仿佛看不见尽头。明明周围还有其他人,却感觉静得只能听见自己急促的喘息声和鞋底摩擦粗糙的地面发出的沙沙声。不知过了多久，疲软的双腿已经不听使唤，明明想要停下来，却仍旧机械地重复迈腿，拖着沉重的身体前进。终于快结束了，耳边已经听不见跑道旁观众的呼喊了，眼睛死死地盯着终点线，不顾汗水浸透衣衫，心里只有一个信念——冲过终点线！

女排姑娘们的训练过程就像长跑，唯一不同的是，她们永远也无法跑到终点。等待她们的，只有日复一日的枯燥训练，年复一年的痛苦煎熬。

没有电视，也没有收音机，郎平每天的生活就是训练场、食堂和宿舍三点一线。郎平经过不懈的努力，终于实现了突破：她的个人摸高高度达到了三米二。这就意味着，对方发过来的所有高球，她都能够掌控在自己手中，并给予重磅回击。

中国队以往的排球战术都是"四二配备"，就是说场上的六名队员中，有四名攻手（两名主攻手，两名副攻手），两名二传手。站位时，两名主攻手站对角，两名副攻手站对角，两名二传手站对角。这样，不管位置怎样轮转，都能保持前后排各有一名二传手和两名攻手。这样的配备便于组织和发挥本队的进攻力量，也大大加强了进攻威力。

但中国队自从有了郎平，原来的"四二配备"被调整为"五一配备"，即场上有五名攻球手，一名二传手。采用这种配备的优点是可加强攻击力，容易实施快速多变的进攻战术，增加拦网的高度；缺点是当位置轮转时，有三轮的前排都只有两点（两名队员）能够进攻，对方容易组织防守。当郎平镇守前排时，有三分之二的球都要落在她这个点上，郎平出色的攻击能力提高了中国女排队伍的防守反攻水平。

随着赛事越来越近，袁伟民对队员们的严苛训练也在不断升级，队员们也很理解袁伟民教练。正是因为她们对排球的热爱和对荣誉的追求，才让她们能够一次又一次咬牙坚持下来，然而训练的重压也让队员们几近崩溃。

一次，张蓉芳因被袁伟民批评，闹起了情绪。她赌气般地将地上的排球一脚踢出好远。

"捡起来！"袁伟民命令道。

"我不去！"张蓉芳倔强地吼道。

两人就这样僵持着，谁也不肯相让。

郎平不忍心再看下去了，她知道张蓉芳的委

屈,也理解袁教练的良苦用心,可是赛事将近,训练容不得半点耽误。

"要不……我去替她捡吧。"郎平想要替张蓉芳解围。

"不行!就让她捡!不捡就不让她练了!"袁伟民突然大吼一声,吓得郎平也不敢说话了。郎平从来没见过袁教练如此生气。

话音刚落,原本倔强地把脸扭向一边的张蓉芳,瞬间就落了泪。

"我去就是,您别不让我练球。"

张蓉芳抹着眼泪,将球捡了回来,生怕袁伟民真的停了她的训练。看着张蓉芳一边流泪,一边倔强地继续练球,郎平感到有些心酸。

令郎平没想到的是,这样的事也会发生在自己身上。

一次训练课结束后,周鹿敏、汪亚君和朱玲被留下继续训练,可是练了一个多小时也未见成效。

袁伟民环顾在场的队员们,问道:"你们有谁愿意帮她们完成训练指标吗?"

年轻气盛的郎平自告奋勇地举起了手:"我来!"

三位前辈一脸感激地看着郎平，郎平则回以一个自信的笑容，好像在说：放心吧，有我在，你们马上就能解放了。

结果，没有想到的是，郎平不仅没有解救出这三位前辈，反而把自己搭了进去。

袁教练严厉地纠正郎平的每一个动作，毫不留情地指出郎平的错误："你这些球是怎么扣的？"

郎平万万没有想到，自己只是来帮忙的，教练怎么跟她较起真来了？郎平越想越觉得委屈，渐渐不在状态了，失误了好几次。

袁伟民站在高台上，从球筐里拿出球，重重地向郎平砸去。起初，她还能接住一些，但随着袁伟民不断发力，她的体力和速度都跟不上了。排球沉闷的落地声仿佛在嘲笑她，郎平的愤怒和委屈顿时涌上心头。

郎平不敢像张蓉芳那样释放情绪、罢练，她向袁教练举手示意暂停，然后默默地走向墙根。郎平背对着在场的所有人，假装在那里整理衣服，但只有冰冷的墙壁知道，郎平的脸上流下了两行滚烫的眼泪。

郎平最终还是回到场地继续训练,袁伟民拿起排球,毫不留情地向她砸去。一颗颗"炮弹"砸在她的胳膊上,疼得她眼泪在眼眶里打转,但她就是倔强地不让泪水落下来。

助跑、起跳、扣球……一次又一次的连续技术动作,让郎平的体力消耗已经达到了极限。她的双眼已经模糊,看不清眼前飞来的球到底是一个还是两个,她只知道,不管有几个球飞来,她都不能漏接。接到最后,她几乎什么都看不见了,只能在地板上乱扑,用最后的意志力顽强地抵抗着。

袁伟民对每一个女排姑娘说:"在赛场上,对手不会因为你的眼泪就轻易放过你,只有让自己更强大,才能在面对考验时临危不惧,勇往直前。"

"眼泪不能战胜敌人。"这句话被郎平刻在心底。她发誓,一定要拼尽全力打好每一场比赛。只有夺得胜利的人,才有流泪的资格!

郎平逐渐成长为中国女排的"重磅武器",成为中国女排队伍中一颗冉冉升起的新星。中国女排这个团队也逐渐成长为一支有灵活性、能攻能守、能快能高的全面型球队。

一九七九年，第二届亚洲女排锦标赛在香港伊丽莎白体育馆举行。中国女排面对强手，力挫群英，以六战全胜的佳绩夺得这届比赛的桂冠，最终登上了亚洲冠军的领奖台！这是袁伟民出任中国女排教练以来，中国队离世界冠军最近的一次！

在这次比赛中，身高一米八二的周晓兰动作灵活，攻防全面，获得最佳表现奖。第一次在重大国际比赛中担任主力的陈亚琼，在中国和日本的比赛中能拦能扣，发球具有较大威力。在关键时刻上场发球的郑美珠，发出的远距离上手飘球落点好，破坏力强。而经过了刻苦训练的郎平，也终于在这次比赛中为中国队荣获冠军立下了赫赫战功，被誉为中国队的"铁榔头"。同时，她也向自己交出了一份满意的答卷，她终于能够骄傲自信地告诉训练中的那个迷惘的自己：你做到了！这样练，是可以打败敌人的！

凯旋的女排队员们，来到清华大学和北京大学与学生们交流。听到一个个年轻人高喊出的"冲出亚洲，走向世界；团结起来，振兴中华"，郎平红了眼眶。这一次，她没有偷偷抹掉泪水，而是任由其汹涌地流淌出来——这是幸福的泪水,是荣誉的泪水!她终于实现了自己的誓言,让胜利的泪水肆意地在脸颊上奔涌!

泪眼模糊中,郎平看着台下一张张兴奋的脸庞,听着那传递出殷切期望的欢呼呐喊,她的心中不禁油然而生一股灼热的力量,促使她更加坚定了理想和信念。郎平知道,冲出亚洲只是一小步,更艰巨的困难和挑战还在后面等着她们。

创造神话

亚洲女排锦标赛的胜利,让国人燃起了新的希望,大街小巷,无论男女老少,大家纷纷开始关注排球这项运动,学习排球技巧,中国女排姑娘们更是成了国人争相追捧的对象。当年,女排的许多"狂热粉丝"都给姑娘们写信,寄礼物,有的甚至在训练场地门口蹲守好几天,就为了一睹姑娘们的风采。

除了普通的粉丝来信,姑娘们每天还会收到许多来自年轻小伙子的"表白信"。面对着一封封真挚的手写信,正值妙龄的女排姑娘们就好像吃了一颗颗初熟的草莓,感觉微微甜蜜,却又夹杂着一丝酸涩。郎平也不例外,虽然心里有悸动,隐隐期待爱情的到来，但又不得不合上信纸，将这一份份心意深藏在心底，专注于训练。她在期待爱情的同时，又害怕爱情在此刻来临。因为此时，距离女排姑娘们冲击世界冠军只有不到一年的时间了。

一九八一年十一月，女排队员们收拾好了行装，带着夺取世界冠军的信念，登上了飞往东京的航班。十二名女排队员身着样式统一的米色大衣，大衣里是浅灰色的运动服，运动服上在心脏的位置印有"中国"二字。从万米高空中看下来，中国逐渐隐藏在了云层之下。郎平看着窗外的景象，摸了摸自己的胸口，"中国"二字仿佛在隐隐发烫。四年前中国女排只取得第四名的遗憾仍是她心中最难以迈过的坎，四年辛苦训练的成果全在今日一搏。她用"中国"二字激励自己：片刻也不能松懈！

坐在客舱里的女排姑娘们并不知道，这架飞往东京的飞机，即将改变她们所有人的人生轨迹。

一九八一年十一月七日，第三届女排世界杯比赛第一场，中国女排迎战南美冠军巴西队。令人意想不到的是，全场比赛仅用了四十五分钟，中国队连胜三局，旗开得胜。

中国女排的第二个对手是曾经八次获得世界冠军的苏联队。苏联队虽然于二十世纪六十年代逐渐让位于"东洋魔女"日本女排,但实力依然不可小视。苏联队队员的身高优势,更是中国女排所无法企及的。尽管如此,中国女排仍旧大显神威,再次以3∶0的比分战胜了世界排坛曾经的霸主。

中国女排在夺冠征途上继续前行,先后转战于江别、札幌、富山等地。每到一个城市,女排队员们都无暇游览。她们待在宾馆内,排着队等待队医的治疗:腰伤、膝盖伤、手臂伤……每一个年轻的女排姑娘身上都有不符合年龄的伤病,但她们早已习惯了。伤病已经是家常便饭,当务之急,是朝着梦寐以求的世界冠军发起冲击。

在随后的比赛中,中国女排3∶0战胜了韩国女排;3∶0战胜了东欧劲旅保加利亚女排;3∶0战胜了世界劲旅古巴女排;在与美国队的半决赛中,尽管美国队队员严防死守,但郎平还是在第五局以有力的强攻,一次又一次顽强地击溃了对方的防线,最终中国女排以3∶2战胜了美国女排。

至此,中国女排赴日参赛以来六战全胜,无一败绩。曾经想都不敢想的世界冠军近在咫尺，只剩下最后一步就能够实现冠军梦——决战"东洋魔女"日本女排！

一九八一年十一月十六日，日本大阪体育馆人声鼎沸，世界各地的排球爱好者都前来观战，一票难求。亿万中国观众也心系于此，因为在这里即将展开中国女排与东道主日本女排争夺第三届女排世界杯冠军的终极对决。

袁伟民带领着十二名队员进入赛场，场馆内瞬间爆发出排山倒海般的欢呼声，大家对这支一路披荆斩棘、所向披靡的亚洲新秀充满了期待。

为了表达自己一定要拿到冠军的决心，日本队的主教练小岛孝治特意蓄起了胡子。他还向外界宣称，日本队不拿到冠军，自己就不刮胡子。决赛开始之前，小岛孝治对袁伟民说："等赢了中国队再刮胡子。"接着，又不停地在袁伟民跟前走动，而且老摸胡子。这种挑衅之举是典型的赛场心理战。袁伟民心里说：你就永远留着胡子吧。袁伟民没有将小岛孝治的挑衅放在眼里。相反，因为小岛孝治的举动,他反而又增加了几分把握。袁伟民意识到,小岛孝治这样的举动,说明日本队夺冠的压力一定比中国队大,因为这次日本是东道主,在自己的主场打球,如果输了的话,日本国人将会极为难堪。而中国队却不同,只要女排姑娘们能放平心态,像平时训练那样,拿出百分之百的精神状态迎战,那么冠军奖杯便手到擒来了。

在这场中国女排与日本女排的决赛中,中国队全力以赴,一上来就派出了顶配主力阵容:二十一岁的郎平被誉为中国的"铁榔头",是主攻手;张蓉芳被称为"怪球手";周晓兰曾获得"最佳表现奖";队长孙晋芳擅长快攻,是一位经验丰富的二传手;陈亚琼是出色的快攻手和拦网手;陈招娣是能抢能拼的二传手和副攻手。

凭着这样的顶级阵容,中国队在前两场比赛中,以极佳的状态,轻松取得了胜利。世界杯的赛制是按小分计算,此时2∶0领先的中国女排其实已经夺得了冠军——这是中国历史上第一个大球项目的世界杯冠军。

然而,虽然胜负已分,但是比赛并未结束。作为东道主，日本队怎会甘心在万众瞩目下一败涂地呢？只见日本队教练小岛孝治面色铁青，紧急召集日本队的姑娘们训话："即使冠军丢了，比赛也不能输！"

日本女排姑娘们绝不愿意在国人面前丢了颜面，她们互相打气，重整旗鼓，再次回到赛场。主场的日本观众发出阵阵呐喊，为日本队加油助威。

整个场馆里，回荡着整齐有力的口号声。中国女排姑娘们必须排除杂念，专注于比赛，但这实在是太难了。也许是因为"世界冠军"的头衔让姑娘们乐飘了，给了日本女排乘虚而入的机会。一转眼，顽强的日本队就将比分扳到了2∶2平。

到决胜局了。

第一球，日本队发球。周晓兰扣球防守，对方拦网成功——日本队得一分！

第二球，日本队发球。两轮对打后，周晓兰扣球，再次被对方拦网成功——日本队又得一分！

第三球，日本队发球。周晓兰扣球，对方又一次拦网成功——日本队再得一分！

开局不利，日本队在决胜局以3∶0暂时领

先。这时,袁伟民坐不住了,他请求暂停。

队员们围成一圈,望着不远处一脸杀气的日本女排和场上情绪激动的日本观众,郎平无奈地摊开双手,仿佛在控诉这莫名其妙的失利;袁伟民心平气和地安抚着队员们的情绪,冷静地分析着对方的战术,细致备战。此时的赛场回荡着震耳欲聋的"日本必胜"的口号声,只有少数的中国观众面色凝重地坐在座位上,替中国队默默祈祷着,微弱的加油声淹没在日本观众的热情里。就在这时,中国观众突然看到不远处赛场上的郎平,只见她冲着袁伟民重重地点了点头,仿佛得到了什么必胜秘诀。看到袁伟民坚毅的表情,中国观众渐渐放下心来。

暂停时间结束,第四球继续由日本队发球。这一次,日本队一记扣球,中国队双人拦网失败,球落在了自家区域,日本队再得一分。

排球仍在地上弹跳,郎平看着离她不远的球,恍惚间出了神。她仿佛回到了三年前亚运会的赛场,想起无数的球从她手中漏掉,然后她被替换下场的经历,一阵寒意瞬间从她的脚底直蹿头顶,仿佛真的将她冰冻了一样,让她浑身无法动弹。

郎平直愣愣地看着已经滚落至场边的球,她的耳边回响起教练刚刚对她说的话。

"你们不要以为你们已经拿到了世界冠军。如果输了这场球,你们就等于做了夹生饭,因为你们不是以全胜的战绩拿到世界冠军的。如果你们最后输给了日本队,那么就算凭借小分拿了世界冠军,也不是一件光荣的事。

"郎平,你要强攻!强攻!

"你们要相信自己……"

来不及多想,日本队的球已经发过来了。

曹慧英垫起球,传给了周晓兰。周晓兰轻轻一垫,球向上画出完美的弧线。与此同时,对面的日本队已经站好防守队形,准备迎接这一球的到来。

就是现在——几乎是下意识地,郎平一个箭步,助跑,用力起跳,上肢和双腿在空中弯起一道月牙般的弧度,抬起手,一记快攻重扣——球,狠狠地落在了对方防守阵形的空当区域!

中国队,得分了!"铁榔头"郎平——中国队的"大炮"重回战场了!微弱的欢呼声从赛场的某个角落传来,虽然很快就被淹没了,但这微小的鼓励，已足以支撑中国队继续战斗下去！

接下来的比赛中，中国队也拼了命地追，一口气打成8∶4领先。也许是赛场边观众的热烈情绪感染了日本队，在后面的比赛中，日本队奋起直追，一路将比分追平，甚至打出了15∶14的比分。根据当时排球比赛的规则，比赛采取15分制，五局三胜，一方先胜三局即获胜；每一局中，先得到十五分且领先对方两分的队伍获胜，如若打到15∶15平，则要继续比赛，直至一方超过对方两分才能算作获胜。日本队现在打出了15∶14的成绩，这也就意味着，此时日本队只要再赢一分，就将取得这场比赛的胜利。

生死攸关的时刻到了，观众席上的日本观众已经提前准备好了日本国旗，一个个都握紧双拳，青筋暴起，奋力挥舞呐喊。不远处的角落中，有几名华侨起身走到场外，他们不忍心再待下去直面接下来未知的刺激。有几位老人结伴走出了赛场，他们捂着自己的心脏，痛苦地摇着头，表示自己的心脏实在是受不了了。

就在这时，袁伟民再次叫了暂停。

女排姑娘们从未见过如此激动的袁教练,只见他紧拧着两道浓眉,双眼布满了血丝,他愤怒地冲着姑娘们大吼,提醒她们记得这是在什么地方打球:"要知道我们是中国人,你们代表着中华民族,祖国人民在电视机前看着你们,这场球不拿下来,你们会后悔一辈子的!我们不仅仅是为了冠军,还为了祖国的荣誉,我们要全胜!"

袁伟民的一席话,就像一盆冰水,从头到脚淋醒了早已沉浸在夺冠喜悦中的女排姑娘们。姑娘们相互看了一眼,没有多言,但心里已经有了共同的目标——全胜!

比赛继续进行,孙晋芳将球传给了郎平,郎平跑跳上前,一记斜线扣杀——球重重地砸在了对方8号队员的胳膊上,随即旋转落地。极具力量的一记重扣就像火箭弹,将对方队员砸倒在地,久久未起。中国队重新夺回了发球权,比分15∶15平。

场边的袁伟民没有任何表情,他比以往任何时候都要更加平静淡定。他低垂着头,飞速地在自己的记事本上写下战术分析和部署安排,即使离胜利的终点只差两球,他也没有松懈。

接下来，中国队乘胜追击，由陈亚琼发球。日本队防守成功，但仍被周晓兰成功拦网，中国队再得一分，以16∶15拿回了赛点。成败也许就在这一球了！

曹慧英和孙晋芳互相拍了拍对方的肩，同时给其他队员递去一个眼神。赛场上，时间如生命，有时候来不及多言，只需一个眼神，便能明了对方的用意。此时的她们已经忘记了自己身在女排世界杯的赛场，抛开耳边的喧嚣和眼前的热闹，她们仿佛回到了那个破旧的竹棚，在整个世界里，她们只能听见击打排球的声音。在她们身旁，永远陪伴着亲密无间的队友。她们一起经历了伤病痛苦，经历了万般艰辛，她们是最团结、最有默契的好伙伴！队友的眼神传达的鼓励，让每个人都热血沸腾。哨声吹响，她们小跑着回到自己的位置，蓄势待发，准备迎接下一个球。

全场观众都屏住了呼吸，来见证这个历史性时刻的到来。电视机前的中国观众，一个个一动不动，仿佛时间静止了一般。

中国队的陈亚琼发球，球在空中画出了一条完美的抛物线。日本队队员接住球，传给她们的主攻手，主攻手上前起跳，一记重扣——球飞向中国队。

周晓兰和孙晋芳双双起跳，用身体筑成一道坚不可摧的人墙，她们举起双臂——球被这一堵高墙拦了下来。

日本队没有想到中国队能成功拦网，猝不及防地杀了她们一记回马枪，等她们反应过来时，已经无力回天——日本队防守失败！

中国队打败了日本队，赢得了世界冠军！

这次世界杯比赛，中国女排以七战全胜的战绩创造了一个神话，当之无愧地登上了冠军宝座。

得到消息的四千多名北京大学的学生冲出宿舍，在操场上高喊"中国万岁"，甚至还有学生在宿舍里自发地用乐器演奏起了国歌。

站在最高领奖台上的女排姑娘们，手捧着冠军奖杯，流下了激动的泪水。郎平更是哭得不能自已，她的脑海中闪过无数个平时训练的场面：粗糙的地板、刺骨的疼痛、面对墙壁流下的眼泪……无数次想要放弃，却又无数次咬牙坚持，她靠着心中的信念，一路走到现在。

袁伟民看着冉冉升起的五星红旗，也渐渐湿了眼眶。他知道，中国女排的目标绝不仅仅是这一个世界冠军，他还要带领全队冲击下一个世界冠军。

一九八二年九月，在秘鲁举行的第九届世界女子排球锦标赛上，袁伟民带领女排姑娘们不负众望，再次一举拿下了冠军，捧起了中国女排的第二个世界冠军奖杯。

一时间，女排姑娘们成了那个年代的代言人！她们用自己顽强拼搏、自强不息的体育精神，赢得了所有人的掌声。女排的胜利对于当时的人们而言，就像是为黑暗中摸索前行的人送去了一盏指路明灯，给他们带去了光明和温暖，带去了信心和力量。

女排姑娘们在组队时间短、训练条件差、营养水平远不如发达国家的情况下，都能够克服困难，夺得冠军，这让当时各行各业的中国人都受到了巨大的鼓舞：哪怕国家积贫积弱，哪怕科学技术不够发达，哪怕生产机器不够先进，只要下定决心，不懈努力，中国一定能赶上发达国家。中国女排的胜利鼓舞了每一个迷惘的人，也激发了大家创造美好生活的动力和信心。

但袁伟民的目标却不止于此,他对大家说:"拿了两个世界冠军,我认为还不够,因为在世界排坛上,最高的荣誉是三连冠。"

在当时,苏联女排和日本女排曾经获得过"三连冠"的荣誉。袁伟民相信,下一个获此殊荣的队伍,一定是中国女排。袁伟民向大家许下了"三连冠"的承诺,并将这第三个世界冠军锁定在两年后的奥运会上。

创造神话 49

漫长的冬天

一九八二年,中国女排在第九届世锦赛夺冠后不久,袁伟民就遇到了他执教生涯以来最大的难题:队中的曹慧英、杨希、陈招娣、陈亚琼和孙晋芳五名主力队员退役了,女排遭遇"大换血"。

要知道,在排球比赛中,每场比赛各队会派出六名队员,含自由人共七名。中国队一下子有五名主力队员退役,这还怎么备战呢?其他国家的女排队伍得知此消息后纷纷开始加紧训练,想要趁机超越中国队。

为了补充新鲜血液,中国女排吸收了李桂枝、杨锡兰、侯玉珠、杨晓君等新队员。经过一年多的训练,新队员逐渐适应了袁伟民的高强度训练,但是，新队员在队伍里毕竟还有一个磨合的过程，女排队伍"大换血"的后遗症终于暴露了。

一九八三年十一月，在日本福冈举行的亚洲女排锦标赛中，中国女排新队员首次亮相。由于不少新队员缺少大赛经验，发挥欠佳，中国女排以0∶3败给了日本队。

消息传来，国内的女排球迷炸开了锅，纷纷来信，强烈要求让孙晋芳、陈招娣、陈亚琼等老队员再披战袍，重返战场。面对每天源源不断的"投诉信"，袁伟民倍感压力。与此同时，在比赛失利和球迷谴责的双重压力下，新入选的姑娘们已经快要喘不过气来了。

新队员杨锡兰实在是受不了了，她敲开了袁伟民的办公室房门，一进屋就委屈地说："袁指导，我要退队。"

袁伟民当然没有同意杨锡兰的要求，新队员刚刚加入，有情绪很正常。

然而，这个时候，就连郎平这样经验丰富的老队员也开始信心不足。

"有信心吗？"袁伟民问郎平。

"我是有信心的,但队伍不行,我也没有办法呀。"郎平无奈地摇了摇头,就连她这样的老队员也觉得整个球队都陷入了低谷。

袁伟民继续追问道:"对于奥运会,你怎么看?"

郎平犹豫了许久,缓缓说道:"希望不小,困难不少,努力争取吧。"看着袁伟民凝重的神情,郎平连忙又补充道,"我是有信心的,但新队员自身的问题,又不是我们能替代解决的……"说着说着,郎平竟然哭了起来。

连袁伟民一向器重的老队员都是这样的状态,他的心里顿时打起了小鼓。

他又找到了队长张蓉芳。

"张蓉芳,奥运会,你有信心吗?"

"这是我最后一次参加世界大赛,我当然想拿冠军。可是,真的太难了……"张蓉芳没有直接回答袁伟民的问题,她自顾自地说着,竟然也哭了起来,比郎平哭得还厉害。

面对队里低迷不振的氛围,袁伟民不得不硬着头皮迎难而上。袁伟民想了一个办法,既然大家都要求老队员归队，那他就满足大家。但是，由于年龄、伤病等原因，让老队员再上赛场肯定是不可能了，不过，比上场打比赛更珍贵的，是老队员们的经验教训。于是他将已经退役的曹慧英、陈招娣等老队员请了回来，让她们充当老师、大姐姐这样的角色，解决新队员们的困扰和烦恼，激励她们。

在大姐姐们的开导下，郎平和张蓉芳终于找回了自信，年轻的队员们也逐渐放下了心中的忐忑和愧疚，全身心投入训练中。

看到队员们一张张信心满满的笑脸，袁伟民终于露出了久违的笑容。

冬日的夜晚，冷风轻轻扫过枝头。袁伟民独自走在回宿舍的路上，他踏着朦胧的月色，穿过漫长的道路，心就像这湿漉漉的街道，随着夜色一起缓缓沉了下去。刚刚在队员们面前的笑容，是为了安抚人心，但其实，他的心里也没有底，到底能不能夺得奥运会金牌呢？

此时距离奥运会只剩下九个月的时间了。

窗外寒风凛冽，干枯的树枝上落下了最后一片枯叶，随风飘去。屋外屋内，都没有一丝过年的氛围。这是袁伟民出任中国女排教练以来的第八个冬天，也是最艰难、最漫长的一个冬天。他带着女排姑娘们到了湖南郴州的排球集训基地，进行密集训练。

袁伟民很少给妻子写信，在这个冬日，他破例了。

"沪英啊，这个冬天可真是不好过呀。队员们累得够呛，几个老队员都快累得受不了了，我的身体也不如从前，疲惫得不行。过去再疲惫，只要见到那个球，就来神了。可如今，见到球居然也兴奋不起来了。每天走到训练场门口就发愁，我都不想往里走。"

在家家户户阖家团圆欢聚一堂的时刻，袁伟民多么想和自己的家人坐在一起，吃一口那还冒着热气的饺子，舒舒服服地过个春节。但一想到自己在全国人民面前许下的"三连冠"的承诺，袁伟民就不得不迫使自己从幻想中抽离出来，继续拿出教练的威严。

在训练场里，为了鼓舞士气，袁伟民冲着队长张蓉芳大喊："张蓉芳，把大家的精神提起来！"

张蓉芳收到教练指令,立刻喊了起来:"加油!加油!"

其他队员听到后,立马像打了强心剂一样欢呼回应。整个训练场回荡着大家震耳欲聋的助威打气声,这个冬天突然变得火热起来。

袁伟民鼓舞着大家,他说:"只要下定决心,以破釜沉舟的觉悟备战奥运会,九个月完全可以训练出十八个月的效果!"

队员们一起呼喊,在热烈的加油声中,袁伟民似乎又找回了对排球的激情和热爱,对女排姑娘们的信任和期待。

紧张的训练正在进行,突然,周晓兰倒地了。

由于长期的艰苦训练,她的身体早已多处负伤,而这一次,她的膝盖又添新伤,疼得她抱着膝盖,蜷缩在地上,痛苦地呻吟。其他姑娘纷纷停下手上的动作,想要跑过来瞧一瞧。

袁伟民见大家都停止了训练,他大喝一声:"继续练,不要停!"然后,他面无表情地朝周晓兰走了过去,瞧了瞧。见队医跑了过来,袁伟民就默默地走开了,继续监督队员们训练。在训练场上，受伤是家常便饭。袁伟民知道自己作为教练，一定不能"特殊关照"某个队员，不能因为某个队员而耽误全队的训练进程。

其他队员见教练如此反应，也已经见怪不怪。虽然她们心里仍旧替周晓兰捏一把汗，担心她的身体状况，但却不得不听从教练的安排，捡起地上的球，继续训练。

像袁伟民所说的那样，为了在九个月内训练出十八个月的效果，袁伟民不仅大幅提高了队员的训练量，还将所有队员的发球都改成远距离重飘。而对于强攻手郎平来说，除了发球外，增加进攻手段也是一个重点，这就意味着郎平除了要练习一些基础的进攻动作外，还要再刻苦练习更多高难度的进攻方式，同时还要加强自己的吊球技术。作为中国女排的核心攻击力，郎平要付出比平时多万倍的努力，才有可能达到袁伟民要求的水准。

头晕呕吐、双腿酸软已经是家常便饭了，严重时会遭受一些如手指外翻、膝盖骨破损等常人无法想象的伤病。每次训练完后，队员们都筋疲力尽，瘫软在地，连站起身走路的力气都没有了。

就连来观摩女排姑娘们训练的记者都看不下去了。看着一个个女孩被当作男孩对待，甚至比男孩训练得还要残酷，记者不由得心疼起她们来。趁姑娘们休息的空当，记者偷偷问她们："袁伟民教练是不是对你们太狠了？你们心里会埋怨他吗？"

姑娘们只是笑着说："在球场上，他确实是严厉的，从来看不到他的笑容，十分冷酷无情。但他的心可好了，下了场，就跟我们有说有笑、又打又闹的，就像一位可亲可敬的兄长。再说了，要想拿世界冠军，就必须严格要求自己呀！"

有一张记者拍到的照片证实了姑娘们说的话。照片中，袁伟民和女排姑娘们坐在一起吃饭。坐在袁伟民身旁的老队长孙晋芳，正在调皮地捉弄着袁伟民，袁伟民不仅没有生气，还开心地和姑娘们嬉笑着。

姑娘们说，如果不在训练场上，生活中的袁伟民简直是一个"暖男"。

但是,在那个冬季,袁伟民却很是反常,队员们不管什么时候见到他,他都面色凝重,不苟言笑。

因为,奥运会越来越近了。

失败的种子

一九八四年八月,在美国洛杉矶的长滩体育馆里,正在举行第二十三届夏季奥运会的排球比赛。

女排姑娘们的"三连冠"之梦,近在咫尺。

小组赛开始了,没想到一上来,中国队就以1∶3输给了美国队。

就像之前所说的那样,中国女排五名主力队员退役的消息一经传出,各国队伍都铆足了劲,要抓住此次机会,把中国队拉下冠军宝座。美国队也不例外,她们不仅加强了平时的训练,还仔细研究中国队每场比赛的录像,逐一分析中国队每位队员的能力和技巧,并制定了专门的突破战术。

在观看这些录像带时,美国队抓住了中国队

的突破点——擅长强攻的郎平。美国队反复研究郎平的攻击动作，为了对抗郎平的强攻，美国队专门训练了三名队员，她们分别是海曼、克罗克特和马杰斯。美国队派她们前往日本学习排球技巧，这样一来，美国队不仅掌握了欧美排球的理论知识和训练技巧，同时也了解了亚洲国家的训练方式。

比赛一开始，美国队制定的战术便频频奏效。郎平的每一次强攻都被打压，马杰斯一次又一次地防守住郎平打出的刁钻的球。只要郎平一准备进攻，网口就会有两三双大手，筑起高网，让她难以逾越。海曼和克罗克特这两名队员更是火力全开，从网上投来一枚枚"重磅炸弹"，让中国队难以招架。

第一场比赛就输了，本来就没有信心的女排姑娘们这下子开始害怕了。队员们人心惶惶，尽管大家嘴上仍在说着鼓舞士气的话语互相激励，但每个人心里都清楚，接下来的比赛，只能是背水一战。

在这场失利当中，最懊丧的要数郎平了。输掉比赛后，女排姑娘们来到餐厅就餐，郎平端着盘子，拖着沉重的脚步往前走着，豆大的泪珠从她脸上滚落。郎平紧紧地咬着下唇，倔强地不让自己发出声音。她懊悔极了，几乎要把嘴唇咬出血来。就因为她在这场比赛当中没有发挥出自己的正常水平，再加上一些年轻队员缺乏大赛经验，队伍才输掉了这场比赛。

在赛后总结会上，袁伟民对队员们说道："我们确实输了球，但我们不能服输，因为这不是你们真正的水平。希望大家摆脱这场球失利的阴影，每个人都做好自己的工作，打好对日本的这一仗。"

郎平主动站起来，她边哭边把失利的原因归在自己身上。袁伟民知道郎平身上背负着沉重的包袱，自然无法发挥出最佳状态。

当天总结会结束后，袁伟民找到郎平，狠狠地批评了她："你现在有什么放不下的啊？不就是个世界冠军吗？有啥了不起的……"袁伟民的几句话点到了郎平的痛处，郎平一下子卸下所有防备和包袱，蹲在地上大哭了一场。这可吓坏了其他队员，但袁伟民却一副成竹在胸的样子，他告诉大家不用管郎平，等她哭过就好了。

果然，第二天，释放了情绪的郎平感觉自己浑身轻松了许多，她在日记里写下了这段话：

"教练单独和我谈心，指出不要把压力变成包袱。对手全力对付我，这是客观事实。就像我们天天研究海曼，对付海曼一样。八月三日那场球，被对手制住，我认了，承认这个现实。但是，我不服气，我的水平还没有真正发挥。郎平还是郎平，我还是高水平的攻击手！"

接下来的比赛，是对阵日本队。

经历过三年前女排世界杯上与日本队的交锋，中国女排的姑娘们自然毫不惧怕，但她们知道，日本队为了一雪前耻，一直都在苦心钻研打败中国队的方法。

奥运会正式开幕前的训练活动上，中国女排的姑娘们惊奇地发现日本排球陪练员的球衣上居然印着中国女排队员们的号码。可想而知，平日里日本女排队员训练时，一直都把对手当作中国女排队员。

除此之外，日本女排的主教练也准备了一个秘密武器，专门用来对付中国队的"大炮"郎平。这和美国女排主教练的思路不谋而合。

第一局比赛进行到一半,日本女排教练山田重雄让自己着重培养的主攻手杉山加代子改打接应二传,对付郎平的进攻。这一战术交换让人很难预想到,很有可能干扰郎平。然而,郎平竟早有准备,山田重雄的秘密武器并没有发挥其威力。

最终,日本女排以0:3输给了中国女排。

中国女排毫无悬念地战胜了日本队,这场胜利让每一位队员都坚定了必胜的决心。女排姑娘们团结一致,砥砺前行,在接下来的比赛中,都突破重围,取得了胜利,一步步杀入奥运会决赛。

而决赛对手正是几天前战胜中国队的美国队。

面对美国队,虽然中国队的姑娘们嘴上说着"没问题",但袁伟民深知,每个人的心里都还有些忐忑,毕竟一开始输给了美国队,决赛再次对阵,会有翻盘的机会吗?

为了让队员们战胜心中的恐惧和疑虑,袁伟民让郎平来主持赛前准备会。

在赛前准备会上,郎平对大家说:"大家不要怕,不要慌。之前的比赛我们都赢了,就证明我们有赢的实力。上一场比赛输给了美国队，是因为我没有发挥好，大家放心，这次我一定发挥全力，带领大家走向领奖台！"

听到郎平这样说，队员们纷纷放下心来。她们逐渐敞开心扉，一个个说出了自己心中的恐惧和不安，郎平作为一个经验丰富的老队员，耐心地开导着她们。准备会的最后，每个人都放下了压力和包袱，她们彼此感激地抱在一起，立下勇夺冠军的誓言。

郎平见气氛如此热烈，赶紧再添上一把柴火，她笑着对大家说："让我们把金牌挂在脖子上！让我们加油干吧！"十二只手紧紧地握在一起，她们眼神坚定，已经做好了共赴战场的准备。

因为是在美国队的主场，决赛开始前，运动员进场处就已经在播放美国女排之前夺冠的画面，仿佛在宣告美国已经夺冠。

决战的时刻到了，中美双方都派出了本国最强的阵容。美国女排主教练塞林格在场地的另一侧，一脸阴沉地凝视着中国女排的姑娘们。他对眼前的这十二名队员相当熟悉，这几年来，他和他的队员们对着录像带研究了每个人无数遍。几号队员擅长什么，缺点是什么，他都能倒背如流。数年磨一剑，这一天，他已经等了很久了。

比赛一开始，中国队就连赢两分，并逐渐拉开分差，打出14∶9的成绩。然而，美国队也不甘落后，奋起直追，竟连得五分，将比分追到14∶14平。而郎平的进攻也一直被对方的副攻马杰斯针锋相对，遭遇困难。

郎平自然不甘心被对方盯防，她想起上次输球时自己在日记里写下的那番话，关键时刻，她找准机会，一记重扣，夺回了发球权。

在这个关键时刻，袁伟民却叫了暂停。全场观众都发出不满的叹息声，就连场上的队员们也疑惑不解地看着教练。

袁伟民挥手示意，提出换人。只见一位面孔陌生，还略带青涩的小姑娘跑上了赛场。所有观众都在嘀咕："她是谁？她上场干什么？"

袁伟民没有理会外界的声音，在他的心里，已经有了答案。

正在赛场上与队友相拥的这位新队员，叫侯玉珠，时年刚满二十一岁，身高一米八四，她正是在这批女排主力队员退役后，被招进来的一名新队员。洛杉矶奥运会是侯玉珠参加的第一场国际大赛。而她作为年轻队员能留在国家队，是因为她有一手厉害的发球功夫。据说在平时训练中，连张蓉芳等老队员都接不好她的发球。

袁伟民在这个节骨眼上将她换上场，就是为了让她发挥自己的优势，发出关键的一球。

这时，有观众认出了侯玉珠。

"这不是跟巴西队打比赛的时候，那个把球发到界外的队员吗？"

"原来是她啊！袁教练换她上场干什么？她能行吗？"

原来，在小组赛对阵巴西队的时候，袁伟民也曾将侯玉珠换上场发球。但当时的她因为缺乏大赛经验，一紧张用力过猛，将球发到了界外。

在中国队和美国队打平的这个关键时刻，侯玉珠能顶住压力不掉链子吗？

只见侯玉珠弯腿弓背，做出发球姿势。蹲起、起跳，侯玉珠抛起球的同时迅速挥动胳膊，蓄力一击——球急速朝对方球场飞去,过网了,但还在飞。难道这球又要出界吗?

美国队队员似乎已经预料到球会出界的结局,她们明显已经放松了警惕,仿佛这一分已握在手中。

可就在这时,球突然向界内下落。美国队队员反应迅速,立马扑救,可惜已经太迟了,球落在一个谁也救不到的空当处。

成功了!袁伟民的战术生效了!名不见经传的新人侯玉珠为中国队赢得了关键的一分。

对于这位没有大赛经验的新人,袁伟民没有放弃,不仅在小组赛上给予她珍贵的上场机会,还在决赛的关键时刻,让她发挥重要作用。

这宝贵的发球得分让侯玉珠信心倍增,她感激地看着赛场旁的教练,享受着队友热烈的拥抱。

最后一球了,发好了,中国队就能获胜!

侯玉珠咽了咽口水,她又开始紧张了。

就在这时,郎平拍了拍她的肩膀,轻轻地对她说:"交给我。"

赛场旁的塞林格看到这一幕,紧张地冲副攻马杰斯使了个眼色，暗示她要盯紧郎平。

哨声吹响，侯玉珠再次发球。她原地起跳，挥动胳膊，这次，球没有一直在飞，而是以抛物线的轨迹落在了美国队的前区。美国队队员以为侯玉珠故技重施，会再次发出一个界外球，于是她们早有准备，布置了最佳防守队形。但美国队没有想到的是，侯玉珠的这次发球，并不是一个界外球。美国队预判失误，她们的一传赶紧冲网救球。球被美国队救起，但却导致她们一传位置空缺。

就在这时，郎平快速出击，她迅速起跳，探头，狠狠一击，球重重地砸在了对方的地板上！

中国队以16∶14的成绩拿下了第一局！

中国女排队员们欣喜若狂，她们激动地抱在一起，尽情地呐喊扬威。一旁的袁伟民并没有激动，他淡定地坐在椅子上，脑海里回放着侯玉珠刚刚的两个发球，在自己的记事本上写下了"立功"两个字。要知道，袁伟民的这个记事本，平时一直用来记载赛事中出现的各种状况和问题，很少会提及某个队员的出色表现。这简单的两个字，足以看出袁伟民对侯玉珠的认可。不仅如此，袁伟民还亲自走到侯玉珠身旁，与她握手，给予她肯定的眼神。

金牌之战，第一局的成败极其重要。第二局比赛，开局美国女排还在状态，能够跟上比赛的节奏，但郎平一次拦死对方二号位进攻之后，中国女排整体拦网都打出了气势，发挥出了高水平。

杨晓君、梁艳、杨锡兰等队员的拦网有如神助，甚至身高只有一米七二的郑美珠，也拦死了一次海曼的高点开网进攻。美国队员在经历开局的失败后，情绪开始慌乱，在接下来的比赛中频频失误。美国队在第二局节奏感逐渐丧失，乱了阵脚。

赢得十三分时，中国队遥遥领先，袁伟民再次换上侯玉珠，两次发球又一次导致美国女排失误失分。中国女排顺利地拿下第二局。

这一局的胜利，像是一针强心剂注入每个人心中。中国队的姑娘们士气大振，乘胜追击，一鼓作气拿下了最后一局。

中国女排胜利了！中国女排实现了"三连冠"。

十二名女排姑娘站在领奖台上，她们拉着袁伟民的手，泣不成声。袁伟民兑现了自己的承诺，带领中国女排姑娘凭借自己的实力，为国家赢得了全世界的尊重和认可!

领奖台上喜极而泣的姑娘们,终于实现了心中的梦想。

在接下来的几项大赛中,她们乘胜追击,在一九八五年的女排世界杯和一九八六年的第十届世界女排锦标赛中,女排姑娘们都取得了完美的胜利,创造了世界排坛"五连冠"的神话!

中华人民共和国的国旗一次又一次地在世人面前升起,雄壮的《义勇军进行曲》让每一个中国观众热血沸腾。冉冉升起的国旗下,站在最高领奖台上的中国姑娘们手持金牌、热泪盈眶的情景,已经成为那个艰难时代永恒的记忆;她们创立了辉煌的战绩,也成为那个时代不朽的传奇!

然而,彼时站在辉煌顶点的女排姑娘们怎么也没有想到,失败的种子早已在暗中埋下,孕育出的藤蔓悄悄地攀爬上努力与汗水铸成的铜墙铁壁,裂开的墙缝将使十年的基业轰然坍塌。

失败的种子 73

起死回生

在一九八六年取得"五连冠"后，中国女排面临着有史以来最为严峻的考验。在这段时间内，郎平等老队员纷纷退役，主教练袁伟民也由于年龄原因而离开。虽说排球队伍里新老交替是常事，但世界各国的女排队伍可不会留给我们时间，让队员们平稳地完成交接。

于是，在一九八八年的汉城奥运会上，中国女排的"六连冠"之梦被苏联队击碎，战况十分惨烈。全中国的观众都震惊了，曾经的冠军雄风呢？怎么会打出0∶15的分数呢？不仅如此，在一九九二年的巴塞罗那奥运会上，中国女排排到了第七名，连半决赛都没进入。难道，中国女排真的不行了吗?

时任中国排球协会主席的袁伟民眉头紧锁。他知道,这已经到了中国女排生死存亡的时候,如果没有一个好教练带她们重新整顿,中国女排也许就会一蹶不振。可这个时候,到底谁能扛起这个重担呢?

瞬间,一个熟悉的名字在他脑海中闪过。没错,只有她了!

只要她回来,一切就都还有救!

飞机冲入云霄,再经过十几个小时,郎平就要回到中国了。此刻身处云端的她,心里忐忑不安:一是自己幼小的女儿浪浪能否接受妈妈不在身边的事实;二是自己能否承担这份重任,复兴中国女排。不管结果是什么,那一句深情的呼唤让她义无反顾:"郎平,祖国真的需要你!"

郎平盯着窗外的云,轻轻地叹了口气:"想再多也没用了,既然做出这个决定,就一定要坚持到最后。"

机舱里的所有人都不知道,这个高挑坚忍的女人,将改变中国女排的命运。

虽然郎平回国的事情极其低调，但收到消息的记者们早就堵在首都机场的门口，在寒风中裹紧军大衣，准备了一系列的问题想让这个昔日女排王者"铁榔头"来回答。毕竟，在郎平她们这一代女排运动员退役后，中国女排的实力和国际排名直线下滑，而每一个热爱中国女排的中国人，都想让女排重振昔日的雄风。郎平的回归让他们坚信，中国女排的黄金时代即将到来。

郎平在几年前退役后，一心扎入学习中。先是在北京师范大学攻读英语专业，随后又前往美国进行治疗。在治病的同时，她不忘学习，在新墨西哥大学继续攻读体育管理专业，并成功获得了硕士学位。可以说，郎平不仅是中国女排历史上打球最好的运动员之一，还是学历最高的运动员之一。在几年来的治疗和求学过程中，郎平虽然在国人的视野中渐渐隐退，但她却一直心系中国女排。甚至在巴塞罗那奥运会前，怀孕八个月的郎平也在为队员们打气，因为郎平热爱这项运动。

也正是这份对排球的热爱，让郎平能够克服重重困难，在女排面临危机的时候，回国接下执教的重任。她知道，她的归来，能够帮助和她一样热爱排球的女排队员们。

在得知郎平回国的消息后，本在黑暗谷底的中国女排再次看到了希望。尤其是本准备向国家体委提交辞呈的赖亚文等运动员，得知郎平归来，决定放弃离队的打算，再次放手一搏。

终于，那班从美国到中国的飞机降落了。

郎平走到出口的瞬间惊呆了，她想不到，祖国竟然有那么多人在等待她。记者们纷纷拿着摄像机和话筒在等她发言，而球迷们则发自内心地为她呐喊。恍惚间，郎平回忆起了一九八五年的女排世界杯，那场决定女排能否实现"四连冠"的关键比赛。

那是郎平退役前的一场比赛，中国女排队伍刚刚进行了一场"大换血"，队员新老交替，许多新队员都缺乏大赛经验。而此时的古巴队却是世界女排中最大的黑马。面对强敌古巴队，郎平作为主攻手，她标志性的扣杀球却越来越少了，原因就在于，郎平长期训练遗留下的伤让她无法再发力扣球，并且，强敌古巴队的实力实在是太强了，我们的女排队员早已体力透支。

但郎平从未想过放弃，她看了一眼观众席，人海中爆发出潮水般的加油声，一条需要十几个人才能拉开的巨型白色横幅映入自己的眼帘，上面写着"郎平加油，中国必胜"。八个大字在观众席上飘扬着，重燃了郎平的战斗欲望。

这种熟悉的感觉，在郎平走到机场出口的一瞬间就被唤醒。郎平坚定了自己的想法：回国是值得的，中国队必将再次雄起。

没有人知道，郎平此时的身体带着难忍的伤痛，但郎平没有告诉任何人，因为她知道，这时候的自己，更应该咬紧牙关，带领中国女排再创辉煌！

此时女排国家队的训练条件依然有限，就算郎平现在是教练，也只能居住在十平方米的宿舍中，但郎平心里明白，这是国家能给她提供的最好的条件了。如果只是为了物质条件，郎平又怎么会回国呢？

紧张的训练很快就开始了。与以往女排的"魔鬼训练法"不同，作为指导教练的郎平带来了全新的指导方法。

在郎平到来之前,中国女排的训练方法沿用的是大松博文的"魔鬼训练法",即"三从一大"的精神,即从难、从严、从实战出发和大运动量训练。在二十世纪七十年代,这一套训练方法的确有效提高了中国女排的实力,然而现在的情况却不一样了,必须重新制订科学的训练计划。

郎平针对每一位队员的腰伤、腿伤和肩伤等病痛情况,给每一位队员制订不同的训练计划。在那个时代,这可是前所未闻的训练方法。而反对的声音也从来没停止过,许多人都认为,郎平的训练方法只会让女排的实力越来越差,因为在那些人眼中,只有坚持"魔鬼训练法"才能让中国女排崛起,郎平的做法只会让女排队员们开始"偷懒"。

但我们的"铁榔头"郎平才不在意那些门外汉的言语,因为郎平心里知道,只有按照自己的方法训练,才能让女排真正复兴!而且郎平制订的计划,可一点儿都不比"魔鬼训练法"轻松。

事实上,随着郎平的训练,中国女排的实力的确在不断上升。在每一次的训练中,队员们都能明显感觉到自己在不断变强。

初尝进步的喜悦后,队员们不再惧怕劳累,全心全意地投入训练中。她们信任郎指导,也相信自己能够让中国女排重获荣耀。而作为主教练的郎平,她需要付出比队员更多的努力。

白天,郎平陪着每一位队员在训练场刻苦训练,亲自为她们示范,传授她们经验。到了晚上,在队员们训练完毕熄灯入睡后,郎平还要在她那十平方米的宿舍里准备第二天的教案。她每晚都会拿出各国女排参赛时的录像带,研究外国队员们的打球特点,常常会研究到大半夜,甚至做梦都在指导队员们打球。

在高强度的工作压力下,郎平的旧病终于复发了。

那是一个平常的中午,郎平和队员们正在吃饭。谈笑间,郎平的眼前越来越暗,还没回过神的时候,就已经晕倒在地上了。这可吓坏了女排队员们,因为在她们心中,郎平是她们的主心骨,是永不言败的"铁榔头"指导。郎指导病倒了,她们该怎么办?慌乱中,她们赶忙把郎指导送到了医院。

女排队员们在病床旁焦急地等着,等待她们的郎指导赶紧醒来。而此刻躺在病床上的郎平,意识虽然微弱,却不断地在告诉自己,中国女排还在等着她。

听到郎平住院的消息后,一个重要的人立马赶到了医院,他来到郎平面前呼唤着她:"郎平,你一定要坚持住!"

这句熟悉的话,一下子就唤醒了昏迷中的郎平。躺在病床上的郎平,脑海中突然回忆起从前的光辉岁月。没错,这个人就是郎平昔日的教练——袁伟民!在病床上的郎平微弱地应答道:"我知道了,我马上就回来!"

听到郎平的回答,在场的所有女排队员都长长地出了一口气,昏迷的郎指导终于有反应了!

来不及在医院休养,郎平就拖着疲惫的身体,再次和队员们回到训练场,因为她知道,留给中国女排的时间不多了,她不能让大家把时间都浪费在自己身上。

此时,距离亚特兰大奥运会还有一年。

除此之外,还有一个隐藏在郎平内心的秘密在推动着她前行,那就是和女儿浪浪的约定:在美国亚特兰大奥运会上相见。

在巨大的工作压力下,郎平的身体越来越差,而唯一能给她带来安慰的,就是相隔半个地球的女儿——浪浪。

每到晚上,完成对国外女排队的打法分析后,郎平便会打开电脑,和处于清晨时间的女儿聊一会儿天。有时候郎平要睡觉了,女儿浪浪却希望妈妈不要关掉视频,因为这样,浪浪就可以看着妈妈睡觉了。

郎平是多么想放弃手中的事业,回到女儿身边啊,可此时的她不能这样,因为在她的背后还有女排队员们的期待。

幼小的女儿常常认为,妈妈是为了赚钱才离开她的。于是,浪浪常会跟妈妈建议说:"妈妈,你回来吧,我可以每天少吃一点儿,给你省钱!"

充满童真的话语让郎平的内心久久不能平复,因为她知道,这个时候的女儿,和其他孩子一样,唯一希望的就是有妈妈在身边陪伴。

那么小的孩子,又怎能理解自己这份职业背后的沉重呢？那可是举国上下几亿人的期待啊！郎平心里很清楚，现在她要做的，就是带领女排拿到最好的成绩。

一九九六年七月，亚特兰大奥运会开始了。由郎平带队的中国女排再次出征。

但郎平似乎总是与奥运会相冲。在十二年前，郎平以运动员的身份参加洛杉矶奥运会比赛时，正值她阑尾炎发作。而现在，郎平带队参加亚特兰大奥运会的第一天，她就开始持续高烧，陷入昏迷。

幸亏袁伟民也陪着她们来到了亚特兰大，能给郎平帮忙，但他心中却很不安，因为是他发去了电报，把原本在美国生活幸福的郎平叫回国内，还让她承担了如此沉重的责任。

郎平的内心也无比自责，因为在节骨眼上，自己竟然是第一个掉链子的人！就如同你为了最重要的考试认真准备，每天都在和自己的懒惰做斗争，只为了在考试时证明自己努力的成果，然而在第二天清晨，却发现自己因生病而无法参加考试。

幸运的是，郎平对队员们的训练产生了作用，每一位队员面对强敌都毫不畏惧。

在七月二十日到二十六日这几天里，中国女排力挫荷兰、韩国、美国和乌克兰四国的女排队伍，让全世界都大吃一惊，因为这是唯一一支开赛以来无一败绩的队伍。

郎平终于醒来了，她醒来的第一件事，就是要求队医田医生放她去赛场，因为她要陪着队员们参加完剩下的所有比赛。主治医生不同意郎平的要求，毕竟这只是一场比赛，郎平的身体才是最重要的。但他怎么犟得过"铁榔头"呢？最终只能给郎平打了一针后，放她去了比赛现场。

看到郎指导回来，女排姑娘们的士气再次高涨，在接下来的数日里，又连续击败了日本、德国和俄罗斯女排队，创造了在奥运会上七战全胜的纪录。这个时候，再也没有人敢怀疑郎平教练和中国女排了。

时隔八年，中国女排终于再次进入了奥运会的决赛。而对手，是正值巅峰的"超白金一代"的古巴队。

比赛开始了，在双方的拼搏下，体育场内的每一个人都兴奋起来。与此同时，郎平发现观众席上

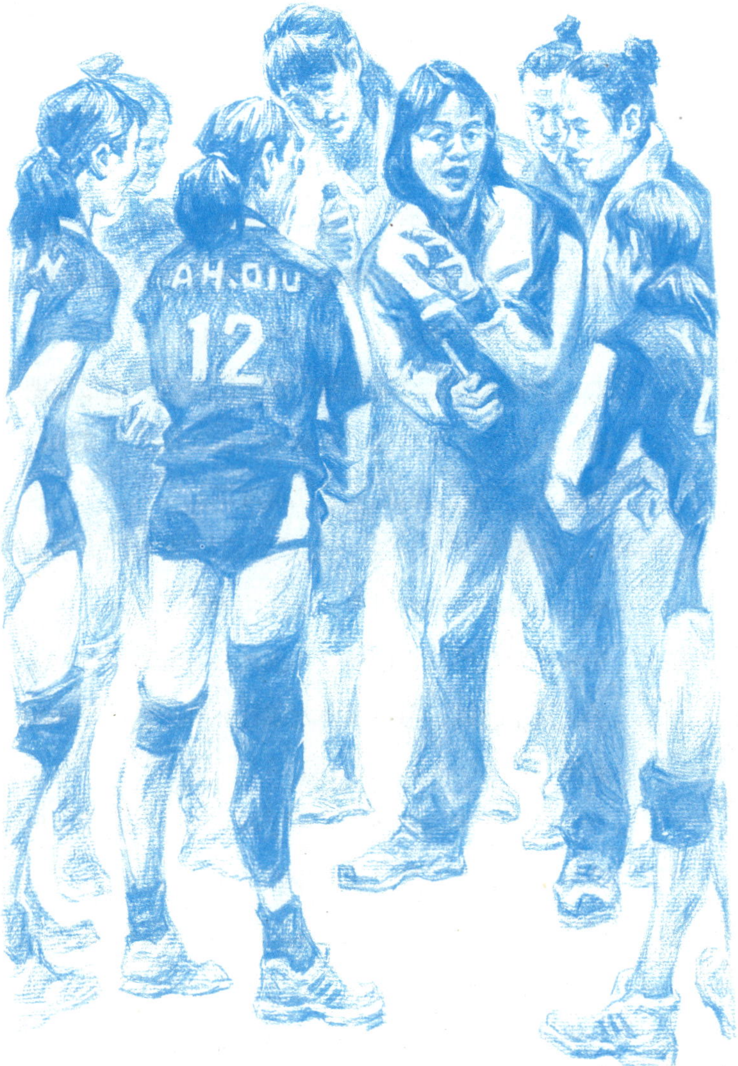
A H QIU
12

一个小小的观众正在为中国女排卖力地呐喊。郎平的眼眶里流出了幸福的泪水,那个小家伙正是自己的女儿——浪浪。

看到女儿正在为自己带的队伍加油呐喊,郎平觉得,这一切的选择都是正确的,因为她不仅要肩负起教练的责任,还要承担起一个母亲的责任——让女儿因自己而自豪。

比赛最终还是要决出胜负的。最终,中国女排虽然还是输给了古巴队,但我们的中国女排却赢回了久违的自信和尊严。

先苦后香的工夫茶

没有人会想到，在二〇〇二年的德国世界女子排球锦标赛上，众望所归的中国女排竟然只取得了第四名的成绩，黯然离场。此时的教练已经不是郎平，而是陈忠和了。

在回国的飞机上，教练陈忠和一言不发，只是咬着下唇看着窗外厚厚的云层。女排队员们一句话都不敢多问，但她们却像热锅上的蚂蚁，焦灼难耐。毕竟再过一个小时她们就要回到首都机场，要面对记者们的"炮轰"了。

老将张越红知道自己要替队员们问出这个不该问的问题，那就是面对记者和球迷们，她们到底该怎么回答。

"陈教练——"坐在陈忠和后面的张越红侧着身子,小声说了一句。话还没说完,陈忠和就打断了张越红,平静地说:"不要害怕,我去应付。"

这句话就像泰山一样稳住了每一个队员紧张的内心。是啊,作为一名运动员,真正该考虑的是如何训练以及如何在赛场上挥洒汗水,其余的想法只会干扰自己,让成绩越来越差。

队员们刚下飞机,蜂拥而上的摄像机和话筒就对准了他们。在闪光灯下,陈忠和只是平静地跟记者们说:"我们的确犯了很大的错误,但我们会以此为鉴,让下次比赛的成绩替我们回复这些问题吧。"

随后,陈教练带着女排队员们离开了机场。虽然队员们一句话都没有说,但她们眼眶里含着的泪水早已透露了她们内心的想法,那就是对比赛失败的懊悔。

离开机场,陈忠和立马带着队员们在训练场开了一个小会。女排队员们情绪低落地坐在木地板上,准备迎接陈教练的责备。她们知道,暴风雨来临前总是格外平静,而陈教练从比赛结束到现在都非常平静,所以接下来的,绝对是一场狂风暴雨。

陈忠和忽然和队员们一样坐到了地上,笑着问了一句:"你们在福建训练的时候都喝过工夫茶吧?"

这句话一下就把女排队员们给问蒙了,这狂风暴雨来得也太温柔了吧?没人敢回复陈忠和的话,只有直爽的张越红老实地说:"喝过。"

陈忠和点点头问:"喝的时候是什么感觉?"

"一开始,苦得舌头都要掉了,但后来嘴里就全是芳香了。"张越红说完后,所有队员都点了点头。

"关于这次的比赛,我想跟大家说的很简单。"陈忠和温和而坚定地跟队员们说,"人生会经历很多挫折,品尝一下苦涩的工夫茶会舒服一些。它也会告诉你,在艰难的时候如何看待一切。曾经经历过的苦痛,就是人生的一笔财富,回过头时,你会发现你积累了不少财富,这会帮助你走向成功。"

听到这里,所有队员的眼眶再次湿润了。

"所以,我们没有时间懊悔,还有一年,女排世界杯就要开赛了。在这一年里我们要变得更强,然后拿回属于我们的冠军吧!"陈忠和从地上站了起来,把排球扔向了队员们,一脸严肃地喊道,"训练从现在开始!"

张越红接住排球,带着队员们开始训练。身为一名老将,张越红知道自己和其他队员不一样,她参加过更多的比赛,经历过更多的成功与失败,所以她现在必须扛起队伍的大旗,帮助陈忠和,带领队员们走出情绪的低谷。

可没有人知道的是,当初要不是陈忠和慧眼识珠,张越红早就退役了。

原来在二〇〇一年,作为辽宁队主攻手的张越红因为年龄问题即将退役,而陈忠和看到张越红在场上的表现后,便直接要走了她。陈忠和对外的解释是:"我看中的是张越红强烈的责任心和出众的弹跳力,她总能在关键的时候显示威力。年龄不是问题,我相信我的眼光。"

来自辽宁的张越红有着一米八二的傲人身高,身为东北人的她身上也有两个特点:直爽、开朗。在队伍中她一直都像一个知心大姐姐一样,尤其是新队员来的时候,无论是生活上还是训练上,她总会细心地传授给她们经验。每一个小队员都会亲切地称呼她"红姐"。

但也正是这股北方人的直爽劲,让她在法国学习的时候闹了个大误会。

在那个年代里,国际排坛有个不成文的规矩,那就是只要在中国女排国家队打过球的,无论是主力队员还是替补队员都可以直接到欧洲球队打球。在二〇〇二年之前,国家队考虑到张越红为国家队和辽宁女排做出的贡献,决定派张越红去欧洲打球训练。在张越红离开之际,陈忠和语重心长地跟她说:"你到那边要保持好状态,等回国后我还用你!"

在教练和国家的期待下,张越红飞到了欧洲。

独自一人在语言不通的国家,一般人都会有害怕和想家的感觉,但张越红不一样。到法国不到一个月的时间,这个爽朗的东北姑娘就用她的感染力跟各个国家的队员打成了一片。尤其是在过生日的时候,以前为她祝福的都是杨昊、楚金玲这些小师妹,但是这次,她身边可围满了法国、荷兰、克罗地亚、德国等各个国家的"洋姐妹"。为了表达对这个东北姑娘的喜爱，队里的朋友们专门组织了一场盛大的生日宴会。各式各样的生日礼物像小山一般堆在了张越红的面前。感受到来自世界各地的朋友带给她的温暖后，张越红想要请客来感谢大家，可她没想到，在国外的规矩是"AA制"，所以她们根本不愿意让张越红出钱。这下可好，收了大家一堆礼，却不能用请吃饭来回礼，弄得张越红怪不好意思的，毕竟咱中国的规矩可不是这样的啊。

等张越红结束了欧洲之旅，就到了赴陈忠和的约的时候了。没想到的是，在二〇〇二年的世锦赛上，中国女排姑娘们竟然打得一塌糊涂。

"还剩一年时间，世界杯就开始了，我们要更加努力地训练！"张越红经常用这句话来激励队友。她和陈忠和都明白，上次比赛成绩差的最大原因，就是女排队员们基本功太薄弱了。于是队伍继续贯彻陈忠和的训练方针：早八晚无。

这个早八晚无的训练法怎么听上去还挺轻松的？知道了它的含义，你就不会这么想了——这意味着早上八点起来训练，训练到晚上无限延续！

虽然这样的"魔鬼训练"折磨得姑娘们每天身

体都像灌了铅一样，但她们依旧死死咬牙坚持，因为她们知道，必须在一年的时间内打磨好自己，不能重蹈二〇〇二年世锦赛的覆辙了！只是，这每天都是练球的生活，让她们看到一切圆形的东西都想吐。

训练接球的时候，陈忠和就像一个机器人，永远都能高速且用力地把球扔出去。队员们就像在炮火轰炸区里用手截炮弹一般拦球，而且时常会因为来不及反应而摔倒，而摔倒一次后就会发现，下一个球更难接了——陈忠和不会给任何队员喘息的机会。

"你觉得你的对手会因为你的失误而等你吗？"陈忠和站在高台上大喊，"不会！她们只会更兴奋地发动下一次进攻！"说完，陈忠和立刻又砸下一球。

此时的张越红双臂张开，躺在训练场上大口喘气。其他队员也东倒西歪，累得说不出话来。陈忠和就冷冷地问一句："就这点水平吗？"

"不止这点，我们继续训练吧！"女排队员冯坤拼尽全力站起来，对站在高处的陈教练说。

此时冯坤是中国女排的队长，身材高挑的她曾被郎平如此评价过："得冯坤者得天下。"陈忠和也曾评价过她："她在场上非常努力，虽然状态尚未达到最佳，但是克服了很多困难，发挥了自己的水平，起到了一个队长应该起的作用。"

和其他队员不一样的地方在于，冯坤是队里少有的出生于高级知识分子家庭的孩子。在她八岁那年暑假，妈妈带着小冯坤前往田径班报名，可命运之手却悄悄地拨弄了丝线，田径班竟然满员了，妈妈只好带着冯坤在一旁的排球班报了名。更巧的是，冯坤打排球的天赋一下子就被这个排球班的老师给看上了，而这个老师，正是郎平的排球启蒙老师——王桂兰。

在假期结束后，王桂兰教练主动找到冯坤的父母，告诉他们，冯坤可是一个打排球的好苗子，希望她能在排球这条路上好好走下去。就这样，冯坤进入了北京市重点体校什刹海体校，踏上了她的排球之路。

就在冯坤站起来后，原本想要放弃的队员们纷纷咬牙站了起来，坚持完成了这次"魔鬼训练"。

时光飞逝，二〇〇三年的女子排球世界杯终于来临了！中国队顽强拼搏，以十战全胜的优秀战绩闯入了总决赛。这炫目的成绩让全世界观众惊呆了，因为从来没有一支队伍能够在一年内取得这么大的进步，但中国女排不会给对手任何反应的时间，尤其是在面对宿敌日本女排的时候。

比赛开始前，陈忠和对着张越红等队员说道："日本队的特点就是钝刀子割肉，把我们拖疲了再反攻，所以这场决赛一定要快、准、狠！"

哨声响起，比赛开始了。中国女排像狼群围剿绵羊一般，没有给日本队任何喘息的机会就结束了战斗。尤其是第三局，女排姑娘们以25∶13的傲人成绩获胜。在裁判吹响比赛结束的哨声时，日本队的队员们都呆住了——比赛竟然这么快就结束了！这一切都太突然了，自己的特别战术还没用上呢！

可中国女排队员们只是调整了一下呼吸，并没流露出过多的欣喜，因为她们知道，享受工夫茶芳香的时候不是现在，而是半年后的雅典奥运会。

这一次，中国女排队员们和教练陈忠和又在飞机上陷入了沉默，但这次的沉默和二〇〇二年世锦赛后的沉默不一样。这一次，队员们早已心意相通，知道回国后该干什么了。

训练继续，陈忠和又开始秘密培养一位新人——来自天津的力量型副攻手张萍。为什么要在如此重要的比赛来临之前突然培养一位新人呢？这个令所有人都好奇的问题，将在雅典奥运会的决战上揭晓答案。这可是陈忠和培养的撒手锏之一。

雅典奥运会如期而至，在赛场上，中国女排再一次让世界震惊。在八场比赛中，中国女排一共获得了七场比赛的胜利。唯一失败的一场是面对强敌古巴队，但这场失败很快就在半决赛上轻松地还给了古巴队，中国女排拿到了决赛的入场券。

而中国女排最终要面对的敌人，就是曾经最强的队伍——俄罗斯队。

在十六年前的汉城奥运会上，苏联女排一战将中国女排打入深渊，从那之后，中国女排再也没有拿到过奥运会金牌。时光飞逝，从苏联女排到俄罗斯女排，她们的实力却一直保持在高水平。这次的比赛，中国女排还能像之前一样获得胜利吗？

比赛一开始，俄罗斯队的身体优势立刻显现了出来。中国女排甚至觉得是在和男排进行比赛。

最要命的是，中国队的进攻十分吃力，因为我们的主攻手王丽娜已经被俄罗斯队研究透了，无论是她的发球还是进攻，总是会被对方预估到位置而拦下。

第一局比赛和第二局比赛就像两个冠军在摔跤一般难解难分，但俄罗斯队却以30∶28和27∶25的比分险胜中国队。这可怎么办？再输一局，中国队可就拿不到冠军了！

此时的陈忠和冷静地跟队员们说了一句："记得那天的发球训练吗？拿出你们打不倒的坚韧精神，只要扛过这一局，我们就能反败为胜！"

女排姑娘们听到这句话，内心想要夺冠的热情再次被点燃。是啊，离冠军只有一步之遥，哪里有放弃的理由？与此同时，陈忠和换上了老将张越红，他笑着对姑娘们说了一句："刚刚我们只是让二追三。"

果然，在张越红上场后，中国队的扣杀线路开始活了起来，再加上张越红对时间差的掌握，中国队很快就连扳两局，接着让整场比赛进入了最惊心动魄的决胜局！中国队只要拿下这一局，金牌就能被我们摘下了。

在这一局中，小将张萍发挥出色，频频得分。张萍是国内少有的力量型副攻手，无论是跳发球还是快攻实力都是数一数二的。尤其是她的跳发球，她凭借着发球力量大和速度快这两点，曾获得全国联赛的"最佳发球奖"。这次，她的快攻给俄罗斯队造成了很大威胁。

女排姑娘们紧密配合，稳扎稳打，最终14∶12领先，使比赛进入了最后的赛点。

此时，队长冯坤抛球，同一时间，张萍快速移动。这一个小小的举动吸引了俄罗斯女排的注意，她们判断，这次的扣杀队员绝对是张萍，立刻组织防守，准备拦下张萍的进攻。但让人意想不到的事情发生了，冯坤将球传给张萍后，张萍竟然将球垫了起来！而在一旁伺机而动的张越红此时才一跃而起，伸展开她纤长的手臂。原来陈忠和真正的目的是让张萍吸引俄罗斯女排的注意力，然后在她们大意的瞬间，让真正的进攻选手张越红击溃她们的防线。

等俄罗斯女排反应过来时，早已无力回天。张越红一记沉重的扣杀，得分！裁判的哨声响起，整场比赛结束。女排队员们和教练陈忠和拥抱在一起，享受着久违的冠军荣光。大家都流出了幸福的泪水，而中国女排的队员们，也终于品到了工夫茶那苦涩味道后的芳香滋味。

艰难时刻

二〇一二年的八月七日,中国女排正在英国伦敦奥运会上挥洒着汗水,和日本女排争夺半决赛的入场券。此时的中国女排状态并不是很好,尤其是上一任教练陈忠和的卸任,让女排队员心中空荡荡的。

但这不是水平降低的理由,中国女排还在尽全力地拼搏。尤其是对于主攻手惠若琪而言,她的每一次进攻都背负着巨大的压力。因为此时此刻,在场外为中国观众解说的人,正是曾任中国女排教练的郎平。惠若琪知道,自己打出的每一球的成败,都逃不过"铁榔头"郎平的眼睛。

出生在辽宁大连的惠若琪毕业于南京师范大学

体育学院，身上流淌着东北人的血液，拥有一米九二的傲人身高，而这绝佳的先天优势让她很轻易就进入了排球的世界。天生不服输的她，在初中的时候就十分主动。在一开始，她想成为队伍中的主攻手，于是她在几个月的时间内刻苦训练，成功取代了主攻手的位置。紧接着，她又以成为队长为目标，结果过了一年的时间，她就成了排球队队长。

随着惠若琪球技的提高，她经常被选拔参加国内外的赛事，有时一去就是半个多月，再加上平常训练占用的时间，她用在文化课上的时间只有同学们的一半。但惠若琪不服输的性格让她暗下决心，不仅要在排球上成为强者，在文化课上也要证明自己。于是她找到几门文化课的老师，跟他们要来了讲义和作业，在训练之余刻苦自学。就这样，在期末考试到来之时，曾经倒数第一的惠若琪取得了班上第一名的成绩。

这就是惠若琪，一个不服输的倔强女生。而这也只是一个开始，她在十五岁的时候，参加江苏省第十六届运动会，成功拿到了室内排球和沙滩排球两项冠军。此后加入江苏队，带领江苏队参加全

艰难时刻

国女排职业联赛,获得了江苏队七年来最好的成绩——季军。

虽然队伍只拿到了季军,但水平高超的惠若琪一下子就被眼光毒辣的陈忠和看中。在二〇〇七年,惠若琪被中国女排主教练陈忠和选入国家女排,成为一名国家女排运动员。事实也证明了陈忠和的选择是正确的。

然而在伦敦的这场比赛中,中国女排却止步于四分之一决赛。所有人都开始思考,我们中国女排到底该何去何从。

但比所有人都更焦心的,却是郎平。

身为国家队原主教练的郎平,因为过去遗留下的伤病而不得不每年都去国外治疗。也正是由于这个原因,她已经离开国家队教练这个职位十几年了。在二〇一二年,她应邀担任伦敦奥运会女子排球项目的解说员,在四分之一决赛的时候为观众解说这场比赛,和他们一起见证中国队的飒爽英姿。可比赛的结果却大大出乎郎平的意料,中国队竟然输了,在休息室里的她落泪了。

面对各国媒体争先恐后的提问,郎平沉默着独自一人离开。她看着镜中的自己，饱经风霜的脸庞和几根银丝提醒着她，自己不做中国女排的进攻选手已经几十年了。女排队员们早已更替了好几拨，实力的飘忽不定自然可以理解。"但中国女排不该是这个样的啊！"郎平呢喃着说出了这句话。

二〇一三年，在中国女排再次陷入危难的时刻，我们的"铁榔头"郎平再次临危受命，担任中国女排主教练。这次，浑身旧伤的她，还能带领中国女排再次获得荣光吗？

女排队员们热烈欢迎郎平的归来，她们都认为郎平会带来新的训练计划，但出乎队员们意料的是，郎平带她们做的第一件事是体检。

多年征战，队员们无不伤痕累累。郎平认为，要使这支队伍走出困局，科学的训练和先进的保障都不能缺少。

郎平首先废除了国家队沿用数十年的负重深蹲训练，又学习借鉴西方强队的经验，组建起一个由主教练、助理教练、陪打教练、医生、康复师、体能师、营养师、信息情报研究人员、数据统计人员等专业人才组成的复合型保障团队，随时关注队员们的身体情况，为受伤的运动员提供及时的治疗。这些改变，让女排的训练成绩突飞猛进。

这个道理就跟我们学习一样，每天二十四小时都趴在桌上学习是效率最低的方法。只有休息好了，才能更好地学习。而女排姑娘们在疗养好后，爆发出来的能力是惊人的。

郎平还引入了"大国家队"理念，大刀阔斧地改组女排队伍，留下惠若琪、魏秋月、曾春蕾等少数几个老队员，又破格选用朱婷、袁心玥、张常宁等一批一九九五年前后出生的年轻队员。女排人才储备量也得到大幅扩充，集训的国家队大名单扩大到三十多人，老中青结合，新老队员一起构建起中国女排的中坚力量。

排球天才朱婷

一九九四年的十一月二十九日,河南省周口市郸城县朱大楼村的一户普通农民家中迎来了第三个女儿的诞生。没有人会想到,这个河南农村的女婴,日后将成为世界有名的排球天才。

对了,她叫朱婷。

虽然朱婷一家世世代代都是普通农民,但他们一家在村里可是无人不知,无人不晓。为什么呢?因为他们家可是"巨人之家"。什么意思呢?就是他们一家人平均身高都超过了一米八!尤其是朱婷,在她十岁的时候就已经有一米七的身高了!

因此,朱婷在上小学的时候一直是班里的排头兵,无论在身高还是学习成绩上。就算是小男生之间发生了冲突，只要朱婷一出现，他们就会安静下来。

令人哭笑不得的是，看起来人高马大的朱婷却是班里最温柔的女生。无论是在课堂上还是课间活动时，她总是会谦让其他同学。每一次活动的时候，朱婷都像一个大姐姐，带着一群小朋友玩。

随着年龄的增长，朱婷的个头儿越蹿越高，仅仅一年后，她就长到了一米八！朱婷和班上同学站在一起，犹如鹤立鸡群。学校里的体育老师给朱婷提了一个好建议，那就是前往河南省周口市的体育学校。这位体育老师永远都不会想到，他这个小小的建议就如一把钥匙，将开启这个姑娘和中国女排的命运相交的大门。

可这却难住了朱婷的父母，世代务农的他们从来没有参与过任何体育活动。他们很难确定，自己的三女儿朱婷真的有体育细胞吗？但他们愿意让朱婷跨出这一步，第一是因为朱婷自己愿意成为一位运动员，第二是因为作为父母，不愿意女儿像自己一样，继续面朝黄土背朝天，辛辛苦苦当农民了。

大巴车的发动机启动，朱婷与车窗外的父母挥手告别,踏上了改变命运的体育之路。

初到体校的朱婷需要学习专业体育知识,虽然她的先天条件非常好,但却有一个小问题,那就是营养不良。朱婷从小生活在农村,在营养上总是跟不上,但在那个时候,没有人注意过这个问题。朱婷自己也没有注意到,只是单纯地把营养不良当作"没吃饱"。第一年的训练强度并没有让这个问题暴露出来,而性格坚忍的朱婷也没把它放在心上,反而更加努力地训练。

第二年,朱婷因为符合"女子十四岁以下,身高一米八以上"的条件而被选入省体校开设的排球训练班。

命运就是那么有趣,冥冥之中仿佛用一根根细线,将每个人牵引到本该属于他们的天地。

在第一节排球课上,朱婷就被这项运动深深吸引了,没有任何原因,她就是喜欢手臂接触到排球时的感觉,就是喜欢和队友们一起在赛场上配合,用一个洁白的球击溃对方的防线。

学习排球除了要参加实战,还要观看优秀队员的比赛录像。中国女排的比赛录像,是全世界学习

排球天才朱婷

排球的人都要看的。

一个身穿1号球衣的进攻选手映入了朱婷的眼帘,尤其是当她一跃而起后,紧接着是行云流水般的扣杀,排球竟然在空气中发出砰的巨大声响。面对这样强劲的扣杀,别说是在瞬间判断它的落点,就算是提前预知了落点,又有多少人敢用手去接住这导弹般的一球呢?

"1号球员是谁?"朱婷下意识地问了一句。

省队教练詹海根略带诧异:"她你都不认识?"

朱婷憨憨地摇了摇头。刚从农村出来的她,连排球都是第一次见到,更别提认识排球队员了。

詹海根清了清嗓子,满怀敬意地说道:"那个时代我们中国女排的骄傲,'铁榔头'郎平!"

朱婷点了点头,心中暗暗对自己说了一句:这才是排球进攻选手该有的样子!

谁都不知道的是,朱婷已经把这位身穿1号球衣的前辈当作目标,开始努力向她靠近了!

排球这项运动,别看在赛场上打起来激情似火,一到训练场上训练的时候,可是比做数学题还要枯燥。尤其是基本功训练,除了垫球和传球,还是垫球和传球，一般队员都会想尽一切办法在训练时偷点懒，她们总会说："反正排球是一项团体竞技运动，上场好好打就行了，训练时偷点懒没问题的。"

所以只要教练去上厕所，姑娘们就会偷偷把球放下休息一会儿，聊聊最近追的明星又有什么新闻。其实教练心里也都清楚，总是睁一只眼闭一只眼，毕竟她们还是一群刚上初中的孩子呢，只要完成规定好的训练量就行。

在姑娘们开心聊天的时候，一个极其规律而又熟悉的垫球声却一直响着。姑娘们连看都不用看就知道，那是"小傻子"朱婷。自从那次看完录像后，朱婷就把所有时间都放在排球上了，哪怕现在学习的只有垫球和传球。尤其是垫球，其他姑娘垫一百个球就已经自豪地想多休息一会儿了，朱婷一口气垫了三百多个球还能接着垫呢！

很快，她们就开始学习扣球了。而朱婷的第二个天赋也展露了出来，就是跳得比所有人都高。你可能会问，跳得高有啥用啊？打排球又不是比赛跳高。

这你就不懂了,如果你能跳得很高,那么你的击球点就会更高,在这种情况下扣杀时,无论是球的速度还是冲击力都会急速上升。更重要的一点是,一般情况下的高击球点扣杀,都能打到对方拦网队员的手指尖上,让球直接弹到界外得分。

虽然手臂和手腕上的技巧还没有学习很多,但这时候的朱婷已经是队伍里最强的队员了,不仅是在扣杀方面,各方面都很强。

将一切都看在眼里的教练知道,朱婷这个小家伙若是好好培养,日后一定能闯出大名堂。只是像她这样的天才,必须要去更好的地方训练,去见识更强的人才行。

二〇一三年,朱婷的排球生涯到了下一站,就是中国国家队!更令她激动的是,此时的中国国家女子排球队的指导,就是那个穿1号球衣的主攻手——郎平!

朱婷初次见到郎平的时候,激动得不知道说什么好。在那无数次看录像带的日子里,她是多么希望能真的见到郎平啊!但人就是这么奇怪,真正看到那个日思夜想的人时,朱婷却呆呆地说不出一句话。

傻姑娘朱婷两只手背在身后，眼睛直愣愣地看着木地板，心想：是该问她为什么穿 1 号球衣呢，还是问被人叫"铁榔头"会不会很开心呢？算了，要不就问该怎么像她一样扣球吧，这样好像更合适一点儿。不对，不对！应该先问好！

而鬓发微白的郎平像看自己的女儿一样，细细打量着朱婷，突然问了一句："你小时候吃得怎么样？"

"啊？挺好……挺好……"朱婷赶紧回话。

郎平温和地点了点头，便离开了。

这可问蒙了朱婷，没想到和郎平指导的初次见面，竟然说了这样一通摸不着头脑的话。也许你和此时的朱婷一样想不清楚，但你还记得在体校的时候，朱婷的一个小问题吗？没错，就是营养不良。郎平在看到朱婷第一眼的时候就知道，这个好苗子是在没有好养料的情况下长大的。

而在国家队，队员们训练的强度根本不是在体校里能比的。别说小姐妹们趁着教练上厕所时聊聊天了，就算是郎指导在十公里以外，女排队员们在垫球时都不敢出一口大气。也正是这样的训练强度，让朱婷在刚来的时候，就因为过度疲劳而被送进医务室。

躺在医务室的床上，朱婷拉着郎平的手说："我会不会被踢出国家队？"

郎平点了点头："会，身体素质差成这样怎么打排球？"

泪水滑过朱婷的脸颊，但坚强的朱婷还是用平和的语气说："可我想打排球……"

郎平听到这句话忍不住扑哧笑了出来："真想打排球？"

"真想……"朱婷快要哭出声了。

忽然，郎平把一大袋子东西甩到了朱婷身上，严厉却慈爱地对朱婷说："要真想，你就听我的话，把这袋子东西吃了！"

朱婷赶紧打开袋子，发现里面装满了来自美国的保健品。

"那天我问你小时候吃得怎么样，就已经看出来你营养不良了。你怎么不实话实说呢？"郎平轻轻敲了敲朱婷的脑袋说，"你的小脸都黄成这样了，还有这瘦胳膊，真不知道你是怎么打出那么好的扣球的。"

朱婷听到这儿，高兴地告诉郎平："那是因为我一直在学您在录像里的打法。"

"那你还挺幸运，赶紧把病养好了，我教你些录像里学不到的。"郎平笑着推开医务室的门，回头说，"按时按量吃保健品，然后休息好了赶紧回来！"

"嗯！"看着郎平离开，朱婷赶紧抹去脸上的泪水，准备更努力地训练来报答郎平。

可令朱婷没想到的是，郎平第一节课教她的竟然不是扣球，而是接球和一传。朱婷当然不敢问原因了，但她的小心思被郎平看得一清二楚。郎平直爽地告诉朱婷："排球不是一个人的运动，你一个人扣得再强，不能和队员配合也是白搭。你是天生的进攻选手，甚至会超过我，但在个人防守上要是出了问题，我还是会把你换下去的。"

"明白了！"朱婷知道理由后，开始下苦功练习接球和一传。但似乎是朱婷进攻的天赋实在太高了，老天就故意让她在防守上出点小毛病，所以在训练场上,郎平经常要手把手带着朱婷练习。正是这样的勤学苦练,让朱婷慢慢补上了防守这块短板,变成了真正的全能型选手,也让她在二〇一四年的意大利世界女排锦标赛上获得了"最佳主攻手"称号。

在休息的时候,朱婷希望自己能回趟老家,见见自己的父母。在离别的车站里,郎平拎起一大袋子保健品,一边催着朱婷赶紧上车,一边嘱咐朱婷:"一定要按时按量吃!要是回来看你瘦了,我绝对饶不了你!"

朱婷用力点着头,脸上幸福的表情都快藏不住了。她可要赶紧上车了,不然真怕自己因舍不得郎指导而留下来。

"郎指导,我走了!"朱婷在车窗内用力挥着手。而站台上的郎平却严肃地做出了吃饭的动作,提醒朱婷一定不要忘了吃保健品。

朱婷开心地举起袋子,比画出连袋子也要一口气吃下的动作,逗笑了郎平。郎平用鼻子哼了一声后,笑着和朱婷挥手告别,一个人回到了训练场。

郎平在训练场回忆着朱婷离开时的样子,内心泛起了幸福的涟漪。作为一名热爱排球的运动员，能训练出一个比自己还要强的新人，是一件多么伟大而美妙的事情啊！就像一位母亲培养自己的孩子一般。而且在看朱婷训练和比赛的时候，郎平总能看到自己年轻时候的影子。她也知道，青出于蓝而胜于蓝，虽然现在的朱婷还有这样那样的毛病，但在她的指导下，朱婷一定会超过她，成为中国排球史上乃至世界排球史上最伟大的球员！

"果然，新女排的时代到了呢！"郎平笑着喃喃自语，并将手中的排球抛起，用一个干净利索的扣杀将球击过网，说，"我也该努力了，带着这帮小家伙超过曾经的我们！"

郎平没有看错朱婷，也没有看错自己的指导能力，更没有看错的是，中国女排的非凡实力。

王者归来

郎平和朱婷的关系可以用亲如母女来形容。当初郎平慧眼识珠,把河南省队一个名不见经传的队员征召到国家队的时候,所有的教练和队友都在怀疑,朱婷这个小姑娘行吗?但是几场比赛打下来,所有的质疑都变成了称赞。

袁伟民见到朱婷后评价:"她的身体条件比当年郎平刚出道时要好,要给朱婷最好的训练条件,在训练和比赛中保护好她!"而以识人出名的陈忠和更是直接称赞她:"这是个几十年才出一个的天才。"

而郎平对朱婷的教导,可以说是毫无保留。这让朱婷光在扣球上已经学会了大斜线、小斜线、腰线、直线、轻搓、吊心、吊二传等大量高难度技巧。而朱婷真正的撒手锏却不是这些技巧，而是她极其强大的心理素质和对队友的感染力。只要有朱婷在，女排队员们就跟吃了定心丸一样，不惧怕任何困难。再加上有郎平的细心指导，姑娘们已经把二〇一六年巴西里约热内卢奥运会的冠军当作目标了。

除了基础的实战训练外，郎平又加上了一个新的训练方式，那就是让每一个队员跟教练一样，分析并记住各国队员比赛时的视频，如果记不住就要受到惩罚。姑娘们一开始并不明白郎平的用意，在度过了极其痛苦的一段时间后，终于明白了中国的一句老话：知己知彼，百战不殆。

里约热内卢奥运会如期而至，此时的中国女排和郎平都已经做好了准备，要在这里一展拳脚了。可刚到里约热内卢，一大堆麻烦就全找上门来。

举办奥运会是一个国家综合实力的展现，就像中国的二〇〇八年北京奥运会，各国运动员来到中国后的衣食住行、训练条件都是世界一流水平的，让全世界都知道了我们中国的实力。然而巴西并非那样富强,在举办奥运会的能力上存在不足,女排队员们连赛前训练的场地都没有。

但困难在中国女排队员的眼中都不是问题。姑娘们心里清楚,在每一场比赛中发挥最好的水平才是她们该想该做的事情。然而在比赛中,新的麻烦又出现了。

那就是中国女排被分到了有"死亡之组"之称的B组,需要与塞尔维亚队、美国队、荷兰队、意大利队和波多黎各队争夺八强中的四个席位。郎平教练认为,除了波多黎各队外,其他四个对手都是欧美劲旅,要战胜哪个都不容易。

在比赛中,命运之神就像戏弄中国队一样,让女排姑娘们第一场就输给了荷兰队——一支从未赢过中国女排的队伍。

而在面对塞尔维亚队的时候,因为对方战术和阵容都突然变更,打了中国队一个措手不及,中国女排以0∶3惨败。这下女排姑娘们都慌了,下一场比赛该怎么打?

而下一场比赛更难打,她们要面对的是美国队,美国可是排球的发源地。郎平知道,这一战势必难打，她很清楚美国队的水平是可以争夺冠军的。果然，中国女排又以1∶3输给了美国队。

不幸中的万幸，中国女排以两胜三负的成绩排名小组第四，勉强挤进四分之一决赛。

姑娘们回到宿舍后再也忍不住了，一个个都大哭起来。她们真的太绝望了。四年前就止步于伦敦奥运会的四强，难道现在要以更差的成绩离开里约热内卢吗？接下来的四分之一决赛，作为B组第四名的她们要和A组的第一名，也是上两届奥运会的冠军巴西队对战，胜算更小了。

这个时候，郎平推门进来了，手里拿着一沓飞机票。姑娘们看到郎平，心里才算踏实了一点儿，抽泣的声音低了下去。

郎平看着这帮姑娘，脸上虽然冷静，但心里都快心疼死了。作为一个母亲，有谁能忍心看着自己的孩子绝望地哭泣呢？

"别怕了，我知道你们面临的压力有多大，我也能明白你们现在多么不想去打下一场，我也给你们买好了回家的机票。"郎平把票分给了各位队员，接着说，"但我对大家就一个要求，那就是别忘了，我们中国女排输球不输人。就算下一场比赛没有任何机会，我们也要拼尽全力打完这场比赛，知道了吗？"

听完郎平的这一番话，女排队员们都停止了啜泣，陷入沉默。她们心里也在打鼓，不知道自己还能不能发挥出最好的水平来面对下一场比赛。

这个时候，朱婷站了起来，跟郎平说："我知道了。虽然不能保证打得赢，但我会尽全力的，不然这几年的保健品就真的白吃了。"

这句话一下子就逗笑了所有的姑娘，郎平也笑着说："你真的是个排球天才啊！就这样吧，你们想清楚了，咱们就去训练，准备最后一场比赛。别忘了，女排精神的核心不是输赢，而是我们一起尽全力拼搏。"

郎平说完这句话就离开了宿舍，而姑娘们这个时候也都跟换了一个人一样，心中充满了昂扬的斗志。朱婷第一个打开门，回头跟大家说："走吧，别让郎指导等咱们！"

对战巴西队的时间终于到了。整个场地里飘满了黄绿色的国旗，响着巴西的国歌，现场的巴西观众似乎已经在为胜利而欢呼了。

中国队在巨大的压力下表现得十分冷静,可比赛的惨烈程度还是超出了郎平的想象,第一局的比赛竟以15∶25的比分结束。整个场地内再次响起了巴西国歌,我们中国姑娘们内心可真的是太煎熬了,眼前的一切似乎都在暗示着中国队已经输了。但郎平却意外发现了一件事,并立刻和姑娘们说了一句:"稳住,我们现在有赢的机会了。"

这还能有赢的机会吗?女排队员们眉头皱了起来。但无论如何,她们愿意相信郎平的话。

第二局比赛果然有了转机!尤其是朱婷,发挥了巨大的作用。她的每一次扣球都能保证球在最高点以最大力量射出,这一下把巴西队打蒙了。一般情况下,第一局打成那样,对手都会早早放弃,或者因心理防线崩溃而导致错误百出,可这个朱婷怎么越打越冷静了呢?

第二局马上就要到尾声了,巴西队的核心队员谢拉决定速战速决。在排球被队友高高抛起的瞬间,谢拉拼尽全力打出一记直线球。然而,中国队的朱婷竟立刻将球拦了下来。

朱婷的举动震惊了谢拉。从来没有人能接下自己的这种球，这个朱婷到底是什么来头？

但朱婷才没工夫想这些，她沉着冷静，一记扣球，带着中国队拿下了第二局比赛的胜利。

场内的观众都沸腾了，尤其是中国的观众，他们完全没想到中国队竟然会在第二局反败为胜。

将一切都看在眼里的郎平知道，骄兵必败这个道理是亘古不变的。第一场的骄傲和第二场的失败必然会让巴西队阵脚大乱，而现在，就是击败巴西队最好的时机。

果然，在第三局和第四局的比赛中，巴西队失误频出，而朱婷却越打越冷静，甚至把整个比赛的节奏都掌控在了自己手中。

一步，两步，起跳，后仰……瞬间绷紧肌肉后扣球！朱婷慢上快打的节奏瞬间击溃了巴西队的防线。一个巴西队员喘着粗气问："这怎么可能防得住？她和所有人的打法都不一样！"

没错，一般的进攻选手都是三步起跳来增加弹跳和击球的力量，但只有朱婷是两步起跳。这样的节奏让对方完全不能适应。而朱婷更强大的一点是，她在扣球的时候，眼睛是睁开的。一般进攻选手在扣球的一瞬间，眼睛都是闭上的，但朱婷却能够睁开眼睛，在扣球的瞬间还能瞄准、打手。这也是巴西队完全无法防御朱婷的原因——朱婷的球一定会扣在对方拦网队员的手上出界。

在接下来的厮杀中，双方激战到了第五局，此时比分14∶12，中国队只需要再拿下一分就能战胜巴西队了！

这时，看台上的小男孩吉马雷斯趴在妈妈的怀里哭了。场馆里响起了巴西国歌，黄绿色的人潮此起彼伏，气势之宏大似乎能吞没中国队，仿佛巴西队已经夺得了冠军。

就在这时，郎平悄悄地跟朱婷说了一句："准备后攻。"

朱婷一眼看向巴西队的主攻手谢拉，瞬间明白了郎指导的毒辣眼光。在这么慌乱的情况下，谢拉的情绪已经有了很大的起伏，这个时候只要盯紧她，一定能看出她的破绽。朱婷点了点头，回到赛场上。

郎平的直觉是对的，在中国女排多次的追杀

下，谢拉的破绽越来越多。终于，在朱婷的一记重扣下，场内的一切都安静了下来。因为没有任何人会想到，本来面临出局的中国女排，竟然打败了想要卫冕的巴西队！

观众席上所有的巴西人都沉默了，黄绿色的国旗不再飘扬。他们不敢相信，巴西队竟然输给了几乎一路都是败绩的中国女排。

女排队员们发疯一般拥向郎平，可郎平只是淡淡地笑着说："我们去把机票退了吧，看来还有两场呢。"

在中巴之战前，郎平收到了不少好友发来的消息。她统一回复："顽强拼搏是中国女排的名字，我们永不放弃。"

在夺冠之后，郎平接受采访时说："我们把每场比赛都当作这次奥运会的最后一场比赛来打，摆的位置低。老实说，对手无论经验还是能力都是超过我们的，所以我非常满意队员们的表现。"

就这样，里约热内卢奥运会上的厄运被女排姑娘们艰难斩断。在接下来的比赛里，调整好状态的她们，在半决赛上击败了荷兰女排，进入最终的决赛,即将和强敌塞尔维亚队一决高下!

塞尔维亚女排队员人高马大,在发球方面相对于中国女排有着不小的优势。而她们的主攻手米哈伊洛维奇更是实力不输朱婷的一线球星。

中国女排不会因此而放弃,相反,她们要一雪前耻,将冠军的奖杯夺回。

第一局的比赛,塞尔维亚队给了中国队一个下马威,以25∶19结束战局,但此时的中国女排心理承受能力早就和当初不一样了。在经历了这么多风风雨雨后,她们心里清楚得很,不到最后关头,谁也不知道结果究竟如何。更何况走到这最后一步,双方拼的早已不是球技和战术了,而是毅力和心态。

在第二局和第三局的比赛中,稳重的中国女排果真连扳两局,反超塞尔维亚队。比赛进入第四局,塞尔维亚队开始失误频出。

注重攻击的塞尔维亚队,防守一直是弱项。只是在之前的比赛中,由于从未给过对手任何喘息的机会,才夺取了一次次胜利。她们没想到的是,中国女排竟然如此顽强,将比赛拖到了自己的疲软期。

第四局比赛，比分到了24∶23。只要中国队再拿下一分，就能收获时隔十二年的奥运会冠军。对塞尔维亚女排而言，只有防下这一球，才能将比赛拖入加分阶段，才有机会翻盘。

中国队的主教练郎平忽然叫了暂停，并跟一个女队员耳语了两句。这个举动让塞尔维亚女排陷入了思考：难道，中国队还有什么秘密武器不成？

一会儿，一名新队员被换上场，她就是排球小将张常宁。

张常宁虽然来自气候温润的"鱼米之乡"江苏，但她有着一米九五的身高。张常宁出生于一个排球世家，她的父亲和哥哥都是中国男排的主力队员。傲人的身高给张常宁带来过不少麻烦，毕竟在每一场比赛中，只要她一出场，所有人的目光都会被她吸引，而她的对手们也都会死死防着她。

这一次比赛也是这样，但好在塞尔维亚队并不熟悉张常宁的打法。

比赛继续，张常宁抬起纤细的手臂，轻轻将排球抛起，洁白的排球在空中旋转。这一刻，时间似乎停滞下来，所有人的眼睛都盯着那个即将决定胜负的球的动向。

啪！在一声干净利索的击球声后，排球如同子弹般刁钻地飞向塞尔维亚队的场地。塞尔维亚队的队员们立刻扑向这个球，她们心里知道，这一球，必须接起来！

看到塞尔维亚队全力救球，郎平嘴角浮现出了安心的笑意。

张常宁那一记刁钻的发球吸引了塞尔维亚队所有队员的注意力，她们奋力将球救起，但她们绝对想不到，惠若琪早已守候在一旁，伺机而动。

惠若琪看准机会，依靠自己的身高优势全力一跃，伸长手臂，拼尽全力击下那一球。塞尔维亚队已经来不及补救了，炮弹一般的排球重重打在了塞尔维亚队的场地上。

哨声响起，比赛结束，中国队胜利！

中国女排姑娘们跳着，叫着，笑着，彼此拥抱，有的忍不住大声哭泣。是啊，谁都没有想到，这次的奥运征程竟然如此曲折，而且最终竟然还拿到了冠军！郎平也忍不住流出了眼泪。是啊，她们

王者归来

所付出的一切都值得了。

在领奖的那一刻，五星红旗满场飘扬。十二年的屈辱，在这一天终于全部洗刷了。对于郎平指导而言，她自己也创造了一个历史，那就是作为女排运动员时拿到过奥运冠军，作为教练又带领国家队拿到了奥运冠军。而这一切，都源于她对排球这项运动的喜爱，因为这是郎平为之付出一生的事业啊。

成功的背后是郎平长期默默忍受病痛的折磨以及艰苦卓绝的付出。由于长期超大强度的训练，郎平的两个股骨头软骨损伤严重，不能正常行走。为了不影响中国女排新奥运周期的备战工作，里约热内卢奥运会后，郎平先后进行了两个髋关节置换手术。就是在这样的身体状况下，郎平第一时间回到训练场，告诫队员"走下领奖台，一切从零开始"。

在郎平看来，女排精神其实贯穿于日常训练。"不是赢了球就是女排精神，输了球就没女排精神。"郎平说，"我们的训练一直非常刻苦，如果成绩不够好，说明我们的技术还不够好，还可以再努力。我不想赢了球就谈女排精神，也要看到队员们努力的过程，我们其实就是做好每一天，如果这场球输了的话，我也会说队员非常努力。"

始终以国家利益和集体荣誉为先，无私奉献，团结协作，艰苦创业，自强不息。几十年来，女排精神一直散发着耀眼的光辉，感动和鼓舞了无数的中国人。它让我们知道，只要顽强拼搏，永不放弃，不管条件多么艰难，不管对手多么强大，都可以不断超越自我，创造辉煌。

而中国女排也绝不会就此停下脚步，沉醉于冠军的荣光之中，因为接下来，她们将继续披荆斩棘，让整个世界都知道，中国女排是永不消逝的传奇！